HERSTORY

María Bastarós
Nacho M. Segarra

HERSTORY:
UNA HISTORIA ILUSTRADA
DE LAS MUJERES

Ilustrado por
Cristina Daura

Lumen

Papel certificado por el Forest Stewardship Council®

Primera edición: noviembre de 2018
Primera reimpresión: diciembre de 2018

Printed in Spain – Impreso en España

ISBN: 978-84-264-0486-2
Depósito legal: B-22976-2018

Compuesto en M. I. Maquetación, S. L.
Impreso en Gómez Aparicio, S. L.
Casarrubuelos (Madrid)

H 4 0 4 8 6 2

Penguin
Random House
Grupo Editorial

Índice

Introducción

Tratar de abarcar la «Historia de las mujeres» en un libro de espacio reducido es una misión imposible desde el inicio. La palabra «Historia» constituye en sí misma un problema de base, y para nosotras ha sido una prioridad despojarla de su mayúscula y hacerla plural. En *Herstory* no hablamos de «Historia de las mujeres», sino de «historias de mujeres», de micro-narrativas que se entrecruzan y nos conducen hacia otras historias para eliminar los tabiques del relato y abrirlo a mutaciones, a apuntes a pie de página, a borrones y a contribuciones dispares.

El que tenéis aquí es uno de tantos relatos que se podrían haber escrito, elaborado a cuatro manos y dos cabezas y compuesto por cientos de notas que solo pretenden acercar a las lectoras a aquello que nos ha parecido más trascendente, interesante o curioso de la información que hemos recopilado. En nuestra búsqueda hemos recurrido a todo tipo de fuentes y nos hemos sorprendido constantemente por sus inesperadas virtudes: hemos descubierto anecdóticos cotilleos en enormes enciclopedias de aspecto vetusto, hemos encontrado datos de lo más complejo en ilustrativos vídeos de jóvenes *youtubers*, hemos hablado con expertas en las más diversas materias, hemos pedido consejo en redes sociales y hemos aprendido de la generosidad de cientos de escritoras, estudiosas y académicas que han emprendido proyectos similares en ámbitos como el universitario, el literario o el del activismo y la autoedición.

La elección de los temas fue especialmente compleja, debido en parte a la existencia de unos «imprescindibles» establecidos para el feminismo y al deseo de cada una de ahondar en aquellos fenómenos o personajes de predilección personal. Sin embargo, esas diferencias han sido positivas para el libro, pues han generado diálogos y reflexiones que no se hubieran dado en el caso de una sola autoría y nos han obligado a ser generosas y a dejarnos influir por las propuestas de la otra. Finalmente, el momento actual en el que se encuentra el feminismo, con un gran repunte de las luchas colectivas y el consecuente recrudecimiento de las reacciones antifeministas, ha sido un criterio común de inspiración a la hora de seleccionar la información y de generar un relato no progresivo, plagado de avances y retrocesos.

Nuestro mayor reto ha sido realizar un texto con el que nos sintiéramos cómodas, teniendo en cuenta que el feminismo es —o debe ser— en sí mismo un espacio incómodo, de constante revisión y autocrítica, en el que resulta muy difícil apoltronarse lánguida e indolentemente. Somos conscientes de que es probable que, dentro de unos meses, nos sintamos tentadas de modificar o de hacer apuntes aquí y allá a lo largo del texto, pero también sabemos que eso no debe suponernos conflicto, ni pena: el aprendizaje constante ha sido nuestro mayor placer durante el proceso de escritura del libro y lógicamente seguiremos aprendiendo una vez publicado este, lo que inevitablemente conllevará cierta dosis de autocrítica. Si algo enseña el feminismo es a abrazar ese aprendizaje y a celebrarlo, a soltar lastre y a no agarrarse a aquello que dábamos por cierto; en suma, a ejercitar el desapego hacia los discursos y el cuidado hacia las personas. Si lográsemos que esta obra fomentase esas dos prácticas, nos sentiríamos ya realizadas: que este sea un libro que se lea en reuniones de amigas, entre risas y confidencias, y nos descubra historias que nos hagan cambiar nuestra concepción del mundo desde lo lúdico y lo compartido.

Gracias a Mireia Magallón, Silvia Querini y Lola Martínez de Albornoz por posibilitar e impulsar este proyecto y a Cristina Daura por ponerle el lazo con sus increíbles ilustraciones. Gracias también a nuestras familias y amigas, que nos han cuidado y acompañado mientras trabajábamos infinitas horas frente al ordenador. Y gracias a ti, lectora, por acercarte a este libro y hacer que todas esas horas hayan merecido la pena.

PREHISTORIA

Mujeres y estofado de mamut: las mujeres en la Prehistoria

Nuestros libros de historia escolares nos mentían desde el primer capítulo, ese con el que empezábamos el curso, en el que se veía una amplia pradera con unos señores prehistóricos que cazaban enormes animales salvajes y unas señoras prehistóricas que limpiaban la cueva y cocinaban estofado de mamut. Esa división sexual del trabajo, donde la figura del cazador resulta esencial para la evolución de la humanidad, tanto por el alimento que consigue como por la sociabilización —la cooperación entre varones para batir la presa—, constituye una muestra de cómo el estudio pretendidamente científico del pasado ha servido para justificar ideas contemporáneas sobre género y para crear la ilusión de que nuestros roles provienen de la noche cerrada de los tiempos *sapiens*.

Sin embargo, ya que gran parte del estudio de la Prehistoria resulta especulativo, podríamos preguntarnos: ¿y si la clave hubiese sido la «fémina erecta» y no el *Homo erectus*?

Para las estudiosas feministas de la Prehistoria, la posición de las mujeres en las sociedades previas al asentamiento de las ciudades en Eurasia —Europa y Asia— se aleja de la viñeta descrita antes. Las primeras asociaciones humanas, las de los cazadores-recolectores —a partir de 40000 a. n. e.—, debían de ser bastante flexibles e igualitarias con los roles y las ocupaciones de cada género, en una organización social en la que los lazos familiares no primaban sobre los del clan y en la que no existía una vigilancia especial sobre la sexualidad femenina. Utilizando las herramientas de la antropología, se especula con que en estas sociedades cazadoras-recolectoras, en las que la espiritualidad estaba marcada por la figura de la diosa —las famosas estatuillas de las Venus prehistóricas—, las mujeres tendrían una especial importancia, porque, tal como aparecen retratadas en muchas pinturas, se encargaban de la recolección de frutas, de hierbas, de raíces y de semillas, lo que,

en conjunto, se estima que aportaba un 70 por ciento de la energía de la dieta. Dada la trascendencia de la localización y de la selección de estos alimentos, su función sería, por tanto, muy relevante. Además de lo recolectado, una parte importante de la alimentación debía de provenir de pequeños animales, como conejos o peces, en cuya captura las mujeres pudieron participar, como demuestran algunos restos funerarios encontrados en Escandinavia, en los que las mujeres aparecen enterradas junto a anzuelos. Frente al mito masculino de la caza de enormes piezas, que implicaba largos desplazamientos pero una pequeña parte del trabajo de subsistencia, las mujeres se encargaban en gran medida de la dieta de esos conjuntos humanos de alrededor de veinte personas en constante movimiento; y, además, cuidaban de los recién nacidos.

Alrededor de 12000 a. n. e. se produjo la revolución, primero, del pastoreo nómada y, después, de la agricultura, lo que condujo a una organización colectiva alrededor de la familia. Una vez que la agricultura se asentó y que se produjo excedente alimentario, las familias crecieron en extensión y —según especula la antropóloga Adrienne L. Zihlman en *Women in Evolution*—, muy probablemente gracias a las mujeres, se produjo el intercambio de comida entre los grupos: fue quizá compartir y no cazar lo que mejoró la sociabilidad humana. Con la llegada de las primeras estructuras familiares, las mujeres siguieron manteniendo su posición elevada, tal como demuestran los restos de la denominada cultura de la cerámica de bandas —alrededor del Danubio, 5500-4500 a. n. e.—, cuya distribución social estaba relacionada con la figura de la matriarca, la abuela. Estas organizaciones matrifocales —en las que los esposos se iban a vivir con la familia materna— se repiten en otras zonas como Japón, Corea o el sur de Italia.

A pesar de que, cronológica y geográficamente, estamos hablando de un período muy amplio, en líneas muy generales podemos afirmar que, en la época del pastoreo nómada, el papel de la mujer no se encontraba regulado, ya que el trabajo no estaba especializado —las mujeres no hacían un trabajo específico—, y que, por sus conocimientos en hierbas y en semillas, su función en la aparición de la agricultura debió de resultar esencial: para la especialista Margaret Ehrenberg, está claro que las mujeres, por medio de la observación y el ensayo, inventaron la agricultura. Con la llegada del sedentarismo, ciertas labores se transformaron en específicamente femeninas, como el procesamiento de lácteos —a partir de 4000 a. n. e.— o la realización de las primeras prendas, lo que no quiere decir que estas tareas estuvieran devaluadas, como demuestra el hecho de que muchas mujeres fueron enterradas junto a las herramientas de estos oficios. Otras ocupaciones en las que participaban eran la domesticación de animales y la fabricación de cerámica, así como el ejercicio de trabajos de curandera o de chamán. Especialistas como Judith K. Brown afirman que, ya que en ninguna parte del mundo los hombres se han encargado de la crianza, estas prácticas eran realizadas por mujeres, porque resultaban compatibles con sus labores de cuidados —no eran peligrosas, se desarrollaban cerca del asentamiento, se apoyaban en la repetición y se podían interrumpir—, mientras que una estudiosa como Jane I. Guyer expone que la peligrosa actividad de cocinar con niños contradice esa teoría.

También debemos señalar que, por supuesto, existían otras sociedades basadas en el padre —patrilineales—, en las que las mujeres tenían vetados determinados ritos y en las que las niñas recién nacidas debieron de ser sacrificadas, una posibilidad que se extrae, según estudios recogidos por la historiadora Catherine Clay, de la escasez de restos de mujeres adultas de determinados yacimientos arqueológicos.

Lo que resulta claro es que la situación de las mujeres cambió de forma radical con la llegada de las ciudades y de los primeros Estados, un fenómeno que se produjo alrededor de 35000 a. n. e. en distintos contextos geográficos marcados por la presencia de ríos: el Nilo, en Egipto; el Tigris y el Éufrates, en el Creciente Fértil —Mesopotamia—; el río Indo, en Pakistán; y el Yangtsé (río Azul) y el Huang He (río Amarillo), en China. A pesar de las evidentes diferencias, en todos estos lugares tuvieron lugar importantes cambios culturales, tecnológicos y administrativos: la creación de la agricultura a gran escala —alejada del tamaño de las plantaciones del clan—, la militarización de la sociedad, la concentración de poder, la presencia de castas sociales con una división de la propiedad de excedentes y una regulación mediante leyes escritas. En ese contexto, la importancia del padre y del patrimonio se extendió, lo que implicaba la aparición de una regulación de la sexualidad de la mujer destinada a asegurar la consanguinidad del emisor y del receptor de una herencia económica o de liderazgo. En yacimientos como los de los escitas, vemos cómo el trabajo que realizan las mujeres deja de ser compartido e intercambiable con el de los hombres y, socialmente, se degrada, mientras que en Mesopotamia podemos apreciar cómo, por medio de matrimonios, se intercambia la capacidad reproductiva de las mujeres —de las hijas— por riquezas, influencia o estatus.

En este contexto, el patriarcado se desarrolla al mismo tiempo que la instauración de los dioses masculinos y de la esclavitud —las guerras generan una gran cantidad de mano de obra esclava— que alimentan las primeras ciudades. Este proceso estuvo lejos de ser uniforme, aunque, en muchos de estos centros, se tendió a proteger legalmente a las mujeres en el ámbito doméstico, con el fin de asegurarles cierta estabilidad entre las paredes del hogar, pero se les cerró la etapa de los grandes horizontes.

EDAD

ANTIGUA

2700 a. n. e. En torno a esta fecha ejerce como médica la egipcia Merit Ptah, primera mujer de la que se tiene constancia en la historia de la ciencia. Su ejemplo es solo uno entre los muchos que pueblan la historia del **Antiguo Egipto**, cuya civilización fue mucho más avanzada en términos de igualdad que la griega y la romana.

38 La viajera hispanorromana **Egeria** inicia un largo peregrinaje de tres años a Tierra Santa, relatado por carta a sus compañeras espirituales de una comunidad de mujeres devotas.

S. I Arranca la expansión de la **religión cristiana** en Israel, iniciada por un grupo de judíos y judías liderado por Jesús de Nazaret que toman del judaísmo el monoteísmo y el concepto de «mesías». Según la teóloga Elisabeth Schüssler Fiorenza, las primeras seguidoras de Jesús de Nazaret eran mujeres galileas, económicamente autosuficientes, que se alejaron de la dependencia patriarcal.

211 El emperador romano Caracalla prohíbe por primera vez el **aborto**, al considerarlo un crimen contra los derechos paternos, y lo penaliza con un exilio temporal.

S. I La historiadora china **Bān Zhāo** escribe sus *Lecciones para las mujeres* (*Nujie*), que se convertirá en una importante fuente de consejos y conocimientos para las mujeres chinas durante siglos. Fiel reflejo de los valores del confucionismo, sitúa al hombre en el puesto de privilegio y propone una educación femenina centrada en servir al marido y a los hijos.

S. IV Durante un período de este siglo se cree que la llamada **Dama de Cao** gobernó al pueblo mochica, en el norte del actual Perú. Los moches fueron grandes ingenieros, autores de presas y constructores de gigantescos complejos arquitectónicos, como las Huacas del Sol y de la Luna, y han pasado a la historia por su celebrada cerámica erótica.

S. VII a. n. e. En la época griega arcaica, durante la que se conforman los rasgos de la identidad cultural griega, emerge una tradición poética lírica con un brillante ejemplo en **Safo**, poeta de la isla griega de Lesbos nacida en torno al 612 a. n. e.

S. VI a. n. e.

En India, 101 monjas budistas elaboran los *Therīgāthā*, «poemas de ancianas sabias».

42 a. n. e.
La oradora romana **Hortensia** da su famoso discurso contra el pago de impuestos femeninos en el foro de Roma.

S. IV a. n. e. Comienza el **período helenístico** en Grecia, durante el que la situación global de las mujeres mejorará.

ca. **400** En una Alejandría convulsionada por el aumento de la presencia y el fanatismo cristianos, la estudiosa egipcia **Hipatia** accede a la dirección del Museo, institución dedicada a la investigación y a la enseñanza fundada por Ptolomeo I. Astrónoma, matemática, música y filósofa neoplatónica, fue identificada como enemiga del cristianismo por los valedores de dicha fe, que identificaban ciencia con paganismo. A la edad de sesenta y cinco años, una turba de fanáticos cristianos acabará con su vida.

425 En un Imperio romano occidental asediado por los llamados bárbaros, **Gala Placidia** se convierte en regente durante la minoría de edad de su hijo Valentiniano. A la muerte de Gala, su hija Honoria, forzada a casarse en un matrimonio concertado que no deseaba, se ofreció como esposa al líder huno Atila, quien, ante la negativa del ya emperador Valentiniano a aceptar dicho enlace, invadió Roma. En el año 476 se produce la caída del Imperio.

425

De 2700 a. n. e. al siglo V

Egipto y sus mujeres, una excepción a la norma antigua

A diferencia de lo que sucedía en las civilizaciones griega y romana, las mujeres del valle del Nilo gozarán de una mayor capacidad para actuar y de cierta relevancia pública: podrán heredar, estar al frente de negocios, ejercer la medicina, ser escribas y ocupar algunos cargos en el funcionariado. Además, fueron consejeras y accedieron al poder político como faraonas, ya que la divinidad vinculada con la sangre real se encontraba por encima de la línea masculina de sucesión. Mientras que en Grecia las mujeres eran consideradas como sempiternas menores de edad, en Egipto se las trataba de forma más igualitaria y se las respetaba dentro del matrimonio, hasta el punto de que podían iniciar los trámites de divorcio. Con la llegada de los invasores griegos, asirios y de otras civilizaciones del Mediterráneo, esta relativa igualdad se ve limitada. En el período helenístico (323-30 a. n. e.), ejerce su poder Cleopatra VII, la última reina egipcia, que se alía primero con Julio César y, después, con Marco Antonio, con el fin de mantener el poder en Egipto, hasta que la muerte de este último la deja a merced de Octavio, futuro primer emperador romano. Con la invasión de Alejandría por Octavio y el suicidio de Cleopatra, que se negará a ser llevada a Roma como trofeo de guerra, concluirá el autogobierno de la civilización egipcia.

El helenismo y la apertura a la educación femenina en Grecia

Durante el período helenístico, Grecia se halla en su apogeo político y cultural: las ciudades estado de Tebas y Atenas dejan sitio a Alejandría y Pérgamo, y se empieza a fraguar el germen de la civilización occidental. Las fuentes nos indican que durante este período la situación de las mujeres cambió de manera sustancial: tenían más oportunidades de acceso a la educación, podían convertirse en figuras públicas y hasta ser elogiadas públicamente. Una mujer que sobresale del resto es Hiparquía, filósofa cínica nacida en 350 a. n. e. Como el resto de los filósofos cínicos, abrazó una vida de mendicidad y se desentendió de cualquier convención social de género: mantenía relaciones sexuales con Crates de Tebas ante la mirada de todos y respondía a aquellos que cuestionaban que una mujer pudiera dedicarse a la filosofía. Otra destacada mujer fue la poeta Ánite de Tegea, descrita por el crítico Antípater de Tesalónica como «el Homero de su sexo». Contrariamente a otras poetas de la época, como Nosis de Locri, Ánite escribió sobre temas tratados por hombres, como la guerra, y fue una pionera de la poesía bucólica, aunque debía su fama a sus conmovedoras elegías dedicadas a la muerte de mujeres jóvenes.

Hortensia, una romana contra los impuestos femeninos

La sociedad romana será patriarcal y no permitirá que las mujeres asuman ningún puesto político oficial o público, salvo en el caso de las sacerdotisas vestales. Pese a ello, algunas mujeres de la élite ejercieron un poder no oficial mediante la influencia familiar. Hortensia, oradora romana del siglo I a. n. e., hija del famoso orador Quinto Hortensio, de quien se decía que había heredado su elocuencia, ejerció públicamente su oratoria en el contexto de una Roma sacudida tras el asesinato de Julio César. En el año 42 a. n. e., el triunvirato que gobernaba Roma decidió engrosar las arcas cargando con impuestos las posesiones de relevantes mujeres, lo que provocó la indignación de estas. En el foro, Hortensia ofreció un discurso ante mil cuatrocientas mujeres para protestar contra esta tasa. La prédica tuvo su efecto, pues redujo en gran medida la lista de mujeres que debían pagar el impuesto.

Los orígenes del cristianismo: de una relativa igualdad a una total misoginia

Parece ser que la primera comunidad cristiana se oponía a las tradiciones judías de la lapidación y del libelo de repudio, una forma de divorcio unilateral exprés descrita en la Torá judía que afirma: «Si un hombre toma mujer y consuma el matrimonio, pero luego la esposa deja de agradar al marido, por haber este encontrado en ella alguna fealdad, le escribirá el libelo de repudio y, poniéndoselo en la mano, la mandará fuera de casa» (DT 24, 1-4). Entre los primeros mártires ejecutados por los romanos ante la fuerza y el número de fieles que congrega la nueva fe, habrá mujeres, como santa Tecla, venerada por los cristianos ascetas de Egipto, de Siria y de Armenia. La Iglesia a la que dará luz este primer cristianismo, sin embargo, no aceptará a las mujeres como líderes y solo los hombres podrán acceder al cargo de obispo, lo que la convertirá en una institución totalmente misógina. No debe olvidarse a este respecto a la emperatriz romana Helena de Constantinopla, que influyó sobre su hijo Constantino I para que reconociera el cristianismo en el edicto de Milán de 313 y que dedicó sus energías a la búsqueda de la cruz en la que el mesías habría sido crucificado.

El aborto en el mundo antiguo

El aborto fue una práctica habitual durante el mundo antiguo: un texto egipcio, fechado en 1550 a. n. e., recomienda insertar en el cuello uterino fragmentos de papiro con el fin de irritarlo y de fomentar el aborto, y algunas culturas sugieren la ingesta de ergot, un hongo del centeno que podía causar un envenenamiento fatal si se consumía en exceso. Los antiguos griegos mencionaron el aborto en sus textos sobre ginecología: recomendaban el uso del laurel para estimular las contracciones del útero, y existen inscripciones que atestiguan que tras un aborto la mujer era considerada impura durante cuarenta días, lo que sugiere que se trataba de un procedimiento común. Los romanos continuaron practicándolo, y Sorano, médico de Éfeso del siglo II —considerado el padre de la ginecología—, hace una completa descripción de este en sus tratados, en los que nunca olvida decir que los métodos agresivos pueden poner en peligro la vida de la madre. Las primeras leyes romanas, sin embargo, otorgan a los maridos el derecho a abandonar a sus mujeres si estas emplean «sustancias o magias» para liberarse de un embarazo, y comienzan a alzarse voces masculinas que desean prohibir el aborto alegando que las mujeres lo practican para esconder sus infidelidades. En 211, Caracalla lo prohíbe.

Los poemas de las ancianas sabias

El *Therīgāthā*, los «poemas de ancianas sabias», es un conjunto de poemas orales que datan del siglo VI a. n. e. y que adquirieron su forma escrita en Sri Lanka en 80 a. n. e. Estos nos hablan de la vida de un grupo de monjas budistas indias que iniciaron su vocación entre 560 y 480 a. n. e, años en los que Buda difundió sus enseñanzas. Según Buda, las mujeres podían alcanzar el nirvana, el más alto grado espiritual, pero, en el caso de que optaran por el retiro espiritual, debían estar supeditadas a los monjes. En el *Therīgāthā* las mujeres rechazan de forma categórica los aspectos más materiales de su vida anterior y coinciden en la libertad que el hecho de haber sido ordenadas monjas les ha concedido —destacan el distanciamiento del matrimonio—, algo que sucede también con numerosas monjas cristianas. Una de sus autoras, de clase baja, casada con un cestero y conocida como «madre de Sumangala», exponía: «¡Libre, soy libre! Libre de la cocina y del mortero, del trabajo pesado de una casa, de los cacharros sucios. Libre de mi marido insoportable. Libre también de la sombrilla bajo la que trenzaba cestas de bambú (recordarla me produce escalofríos)».

SIGLOS

V A XIV

476

ca. 525

Contraen matrimonio **Teodora**, antigua prostituta y bailarina, y el emperador Justiniano de Bizancio, sobre el cual su mujer ejercerá una notable influencia política. Teodora se encargará de prohibir la prostitución forzosa e instaurará, además, la pena de muerte por violación. Según Procopio de Cesarea, historiador bizantino contemporáneo de Teodora, su prioridad siempre fue la ayuda a las mujeres desafortunadas.

593 A la edad de treinta y nueve años, asciende al trono de Japón **Suiko**, hija del emperador Kinmei y primera emperatriz del país. Al haber sido ordenada poco antes monja budista, contribuyó a difundir esta doctrina y se ocupó de darle carácter oficial mediante el edicto de los Tres Tesoros Florecientes.

688 A la muerte del jefe bereber Kusalia, **Dihia**, reina y guerrera bereber de las tribus nómadas yarawa, se convierte en la figura principal de la lucha contra la expansión islámica que asola el norte de África desde mediados del siglo VII.

690 La antigua concubina **Wu Zetian** se hace con el poder en China tras la muerte del emperador y el boicot a los Gobiernos sucesivos de sus dos hijos. El liderazgo de Zetian despertó las iras de los confucionistas, filosofía que otorgaba un papel muy limitado a las mujeres y que se extenderá después a Japón, lo que contagiará su misoginia al país.

748 **Walpurgis**, monja inglesa y primera escritora de Inglaterra y Alemania debido a sus *Vidas de san Winibaldo*, escritas en latín, es enviada a Germania como misionera y se convierte en abadesa de Heidenheim. Fallecida en 779, se cree que su tumba fue abierta el 1 de mayo de 870 con el fin de trasladar sus restos, lo que dio origen a la llamada Noche de Walpurgis. Esta fiesta evolucionó hasta ser conocida como la Noche de las Brujas, en la que se presumía que estas volaban sobre animales hasta Brocken, el pico más elevado de la sierra alemana del Harz, con el propósito de celebrar sus rituales.

ca. 841 En torno a este año, la dama carolingia **Dhuoda** redacta el que se considera el primer tratado pedagógico de la historia escrito por una mujer: el *Liber manualis*.

ca. 612 **Al Khansa**, poeta árabe nacida en Néyed, hoy Arabia Saudí, triunfa en los concursos públicos con sus elegías a figuras fallecidas, en especial las dedicadas a sus hermanos (Sakhrs y Mu'awiyah) abatidos en el campo de batalla. Adulada por Mahoma y por el poeta Al-Nabigha, pasará a los anales como una de las mejores poetas árabes de la historia.

632 A la muerte de Mahoma, **Aisha bint Abi Bakr**, entre sus esposas, la predilecta, se convierte en una importante figura pública y participa en los designios políticos del islam durante los tres primeros califatos. Aisha, respetada por su conocimiento de la ley islámica y por su amplísimo bagaje cultural, era requerida con frecuencia para dirimir asuntos legales y fue la primera en establecer una madrasa, o escuela para mujeres, en su propia casa.

653 **Chen Shuozhen** dirige una revuelta campesina en la China de la dinastía Tang y se proclama emperatriz, lo que la convierte en la única revolucionaria china que alcanzará este cargo.

962 **Subh**, joven de origen vasco secuestrada en el área norte (cristiana) de la península Ibérica y llevada a la zona sur (islámica, Al-Ándalus), da a luz a un hijo varón del califa Alhakén II, lo que la convierte en su favorita.

ca. 945 La canonesa **Hroswitha** entra en la abadía de Gandershein, ubicada en la Baja Sajonia (Alemania), lo que le permite optar, como muchas mujeres de la época, por una vida religiosa que la exima del matrimonio y propicie su propio cultivo intelectual.

870 Los relatos sobre las atrocidades cometidas por los vikingos en su invasión de Escocia alcanzan la abadía de Coldhingam, en la costa norte de la isla. La abadesa —canonizada después como **santa Ebba**— y sus monjas deciden llevar a cabo una drástica acción.

ca. 990 La cortesana japonesa **Sei Shonagon** escribe su célebre *Libro de la almohada*, un fascinante collage literario a mitad de camino entre el diario, la crónica histórica, la poesía y el cotilleo.

999

Del siglo V al año 1000

Dihia: la anciana guerrera que defendió el Magreb

 Tras la muerte de Mahoma, en 632, comienza la expansión del islam, que atravesará el norte de África y culminará con la creación de Al-Ándalus en la península Ibérica. El avance desde Arabia se inicia en 647 con el califa Omar y comienza su conquista por Egipto. Kusaila, jefe bereber, defiende el Magreb del avance islámico hasta 690, cuando, tras su muerte, ocupa su cargo la reina de las tribus nómadas yarawa: Dihia. A esta, ya anciana y viuda, sus enemigos le atribuyeron la capacidad para predecir el futuro y la llamaron *al-Kāhina* («la sacerdotisa»); de este modo explicaban sus continuas victorias. Tras luchar contra el califato Omeya en Tehuda, Dihia derrotó a los árabes en la batalla de Meskiana en Oum el-Bouaghi (Argelia), pero las tropas del califa consiguieron tomar Cartago (Túnez), lo que les colocó en una posición de gran poder. Decidido a frenar a los árabes, el ejército de Dihia practicó una política de tierra quemada sobre su propio territorio con el propósito de resistir, algo que volvió en contra de la guerrera a los cultivadores de la zona, que se aliaron con los árabes. Tras defender el territorio del Magreb durante décadas, Dihia perdió apoyos y, ante la inevitabilidad de la derrota, pidió a sus hijos que se aliaran con los árabes. A consecuencia de ello, en lugar de ser ejecutados, uno fue nombrado gobernador del Aurés y el otro, jefe de las milicias yarawa. Sobre la muerte de Dihia no existen certezas: hay cronistas que afirman que falleció en el campo de batalla y otros que se suicidó al verse vencida.

Dhuoda: manual para soportar la ausencia

 En 810, Dhuoda, hija del conde de Aragón, contrae matrimonio con Bernardo, sobrino del emperador Carlomagno. Tras el enlace, Dhuoda fue enviada por su marido a Uzès, en el sur de Francia, donde debía defender sus intereses en la zona. Entre tremendas intrigas familiares en torno a la sucesión de Carlomagno, en 826 nace el primer hijo de Dhuoda y Bernardo. Con el fin de mantenerlo a salvo, su padre lo traslada a Aquitania y lo aleja de su madre. En 841 nace el segundo vástago, que es entregado de inmediato a la corte de Carlos el Calvo, nieto de Carlomagno, como prueba de la lealtad de Bernardo, una práctica común en tesituras políticas similares, en las que los potenciales aspirantes al poder eran eliminados o mantenidos a raya mediante métodos como la retención de sus hijos. Despojada de sus dos hijos, Dhuoda emprendió la redacción de un manual de educación para ambos. El libro, *Liber manualis...* («Manual para mi hijo»), contiene alusiones a la Biblia y a textos escritos por seglares y constituye una guía de comportamiento para un joven cristiano. Además, la obra nos habla del papel de las mujeres nobles en la época: pese al deseo de estar con sus hijos, prima siempre, para Dhuoda, la obediencia ciega a su marido, cuyos designios se consideran los únicos válidos. La obra fue traducida al francés en 1978, lo que permitió su difusión entre los estudiosos, y en la Universidad de Barcelona el centro de estudios sobre mujeres fue bautizado como Duoda Centre de Recerca de Dones.

Santa Ebba y las mártires vírgenes: la disciplina de la pureza

 La hagiografía —relatos de las vidas de los santos— y los martirologios —compendios de pequeñas narraciones sobre los mártires— se hallan plagados, desde sus inicios, de nombres de mujeres que protegieron su virginidad a ultranza y que, con frecuencia, eran asesinadas. La Iglesia las engloba en la causa martirial *In defensum castitatis* («En defensa de la castidad») y se pueden citar numerosos ejemplos —santa Eulalia, Dula, Eufrasia de Nicomedia...—, pero hay uno muy relevante: el de santa Ebba, abadesa de Coldingham.

Durante la invasión de Escocia llevada a cabo por los vikingos, los relatos de sus terribles atrocidades llegaron a oídos de la abadía. Al ser conscientes de que los bárbaros las forzarían en cuanto alcanzaran su refugio, las mujeres de Coldingham decidieron extremar sus medidas: para ahuyentar a los vikingos se cercenaron la nariz y el labio superior, lo que dejó sus rostros completamente desfigurados. Cuando los invasores se presentaron, la acción de las mujeres provocó en ellos una enorme repulsa, por lo que las juntaron y prendieron fuego al edificio con ellas dentro.

Estas historias ejemplarizantes sobre la defensa a muerte de la pureza no solo sitúan la virginidad como un valor primordial de las mujeres, sino que establecen una jerarquía moral en función de la defensa que estas hagan de aquella.

Subh Umm Walad, una vasca en Al-Ándalus

 Desde 711, el reino de Al-Ándalus florece en el sur de la península Ibérica y muchas jóvenes procedentes del norte cristiano llegan a él para entrar en sus harenes. Si alguna de ellas daba a luz a un hijo varón, su estatus ascendía de inmediato y recibía el nombre de Umm Walad («madre del hijo»). Uno de los ejemplos más llamativos es el de Subh, una joven de origen vasco que llegó a Córdoba de niña y que acabó ejerciendo un enorme poder en la vida cortesana. Según el historiador Iñaki Egaña, el califa Alhakén II, de cuyo harén formaba parte Subh, era, en realidad, homosexual, por lo que, con el fin de ganarse sus favores, Subh solía vestirse de efebo y usaba nombre masculino; un caso de *cross-dressing*, aunque no existen pruebas que lo atestigüen.

Subh dio a luz a dos hijos varones del califa, lo que la convirtió en la favorita de Alhakén, que la colmó de riquezas. Para asegurar su futuro político, Subh escogió como aliado a un recién llegado a la corte, el célebre Almanzor, a quien convirtió en su administrador, en el defensor de los intereses de sus hijos y, probablemente, en su amante. A la muerte del califa, Almanzor y Subh sofocaron las conspiraciones que pretendían apartar al hijo de esta del acceso al trono, y Almanzor, dada la minoría de edad de este, actuó como regente. Pronto sus intrigas delataron sus aspiraciones al trono, por lo que Subh, tras hacerse con el dinero de las arcas del califa, trató de derrocarlo auspiciando rebeliones desde Al-Ándalus y el Magreb. Derrotada por Almanzor, murió expulsada de la corte, en 999, mientras se designaba para ocupar el trono a los hijos de este último.

Cortesanas japonesas: pluma e ingenio en la era Heian

 Durante el período Heian japonés, la corte se convertirá en un centro intelectual y creativo en el que las cortesanas tendrán un gran protagonismo y darán pie a nuevos géneros literarios. Dentro del gran abanico de damas ocupadas en la creación literaria, se encontrará Sei Shonagon, nacida en torno al 965 y autora del célebre *Makura no sōshi* («Libro de la almohada»). La obra, cuyo título proviene del nombre que recibían los textos escritos por los cortesanos antes de irse a dormir, guardados de forma más o menos secreta en compartimentos bajo la almohada, reúne diferentes géneros y proyecta la imagen de Shonagon como una mujer culta, sensible y perspicaz, que hacía la vida imposible a quienes le caían en desgracia. Sorprendentemente contemporáneo en el manejo del lenguaje, claro e incisivo, el libro describe escenas de la corte, de la naturaleza, incluye poesías y reflexiones sobre la condición de las mujeres —en las que se lamenta por aquellas que viven fuera de la corte al servicio de sus maridos— y propone listas tan originales como, por ejemplo, una de «cosas que causan una impresión patética», dentro de la cual figura, entre otras, «la expresión de una mujer depilándose las cejas».

Otra figura imprescindible de la creación literaria de Heian es Shikibu Murasaki, que escribió la que se considera la primera novela moderna y de corte psicológico de Japón: *Genji Monogatari*. Compleja y de gran extensión, comparte con el *Makura* la ausencia de estructura narrativa. Nos acerca a la historia del príncipe Genji y sus aventuras bélicas y amorosas, y se adentra en la psique de los personajes de una forma totalmente inusual para la época.

1000

ca. 1000 **Mama Uqllu** (Ocllo), junto con su hermano y esposo Manco Cápac (Manqu Qapaq), funda el Imperio inca y su extenso linaje de gobernantes. Estas dos figuras históricas están rodeadas de una leyenda mitológica según la cual el dios Sol hizo salir a ambos del lago Titicaca. Provistos de un báculo dorado, encontraron tierra fértil en Cuzco, donde levantaron su imperio y donde Mama Uqllu, diosa de la fertilidad, enseñó a tejer a las mujeres incas.

1115 **Eloísa d'Argenteuil**, una joven culta que vivía en París con su tío Fulberto, conoce a Pedro Abelardo, un joven escolástico que empezaba a destacar por su erudición. Su romance ilícito se deriva en un embarazo, ante el que Fulberto toma una drástica decisión: castrar a Abelardo. A pesar de su resistencia, Eloísa acaba entrando en un convento desde donde escribirá sus famosas cartas.

1141 **Santa Hildegarda de Bingen**, una de las mujeres más destacadas de la Edad Media, recibe una serie de revelaciones divinas.

1253 Se traduce del árabe *El libro de los engaños y de los asayamientos* [ensañamientos] *de las mujeres* dentro de la corte de Alfonso X. Conocido también como ***Sendebar***, se convertirá en uno de los muchos escritos misóginos de este período.

ca. 1200 Se genera el mayor número de canciones de mujeres trovadoras en el sur de Francia.

ca. 1100 La autora conocida como **Trota de Salerno** escribe o dicta su famoso *De curis mulierum* («La cura de las mujeres»).

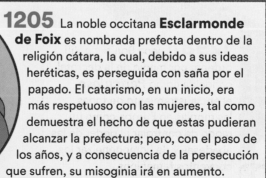

1205 La noble occitana **Esclarmonde de Foix** es nombrada prefecta dentro de la religión cátara, la cual, debido a sus ideas heréticas, es perseguida con saña por el papado. El catarismo, en un inicio, era más respetuoso con las mujeres, tal como demuestra el hecho de que estas pudieran alcanzar la prefectura; pero, con el paso de los años, y a consecuencia de la persecución que sufren, su misoginia irá en aumento.

1258 Una ley en Castilla impide que las mujeres cristianas, judías y musulmanas trabajen como criadas en hogares que no profesen su religión.

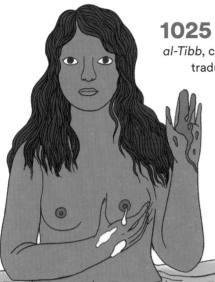

1025 **Ibn Sina** (Avicena) completa el *al-Qānūn fī al-Tibb*, conocido como «canon de medicina», cuya traducción al latín tendrá una enorme influencia en la medicina escolástica medieval. Las doctrinas de este libro, basadas en Galeno, subrayarán la importancia de «los humores», concebidos como sustancias líquidas esenciales, que también tendrán una lectura de género: las mujeres serán concebidas como más húmedas y frías que los hombres. Ese exceso de humedad las llevará a producir leche y a menstruar, y las hará más blandas, emotivas y pasivas.

1025 Muere el padre de la poeta andalusí **Wallada bint al-Mustakfi**, quien iniciará su salón literario.

***ca.* 1055** La maestra budista **Machig Labdrön**, la más importante de la historia tibetana, empieza a destacar como lectora litúrgica y maestra de *darhmas* —enseñanzas religiosas fundamentales—, y se convierte en una de las primeras en impartir una formación reservada a los indios.

***ca.* 1300** Se mejora el telar, que deja de ser vertical y pasa a ser horizontal y manejado por cuatro personas. Esos cambios técnicos contribuirán a que esa labor vaya abandonando el ámbito doméstico femenino para centrarse en el terreno artesanal masculino.

1296 La poeta **Guan Daosheng** inicia su carrera como pintora, hasta convertirse en la artista más importante de la historia de China.

1322 La Universidad de París lleva a juicio a la matrona y sanadora judía **Jacoba Félicié** por practicar la medicina sin licencia y sin los estudios requeridos. Félicié aportó como testigos a sus propias pacientes, que afirmaron que el pudor las llevaba a no consultar a un médico y que, de no haber sido por Félicié, no hubiesen sido atendidas.

1298 El papa Bonifacio VIII ordena, por medio de la decretal conocida como *Periculoso*, el enclaustramiento de todas las monjas en Europa como un modo de controlar el poder de las abadesas y de homogeneizar los conventos femeninos.

1348 Se desata la **peste negra** en Inglaterra y, debido a las altas tasas de mortalidad, las mujeres acceden a oficios que antes les estaban vetados, como los de comerciantes, artesanas o cerveceras.

1399

Del año 1000 al siglo XIV

Reflejos de Wallada en una fuente

 Wallada bint al-Mustakfi, la poeta más grande de Al-Ándalus, fue hija de una esclava cristiana y de un califa de reinado brevísimo. A pesar de la inestabilidad política, recibió una exquisita educación y, al ser hija única, toda la herencia paterna. Wallada abrió su palacio a la tertulia literaria en Córdoba, algo insólito, ya que, para las mujeres de Al-Ándalus, las ocasiones para intercambiar poemas eran escasas y muchas de estas composiciones solo podían ser recitadas por mujeres libres dentro del ámbito familiar. Estas restricciones sociales debieron de constreñir a Wallada, que dio muestras de su carácter al coserse algunos de sus versos en su traje: «Estoy hecha, por Alá, para la gloria, / y avanzo, orgullosa, por mi propio camino». De ella se conservan solo nueve poemas, la mayoría centrados en la tormentosa relación que entabló con uno de los mayores poetas del momento: Ibn Zaydún. El asunto acabó mal: Wallada acusa a Zaydún en un poema de enamorarse de su esclava, algo que, según los especialistas, era un artificio literario para ocultar y quizá para rebajar a la verdadera amante. La poesía amorosa alcanza un tono satírico, y Wallada acusa a Zaydún de homosexual. Wallada terminó manteniendo una relación con el visir Ibn Abdús, que encarcelará a Zaydún, su enemigo político.

Hildegarda de Bingen, la Sibila del Rin

 La obra de Hildegarda de Bingen constituye uno de los hitos intelectuales de la Edad Media. Hija de una familia noble de la zona del Rin, entra en un convento benedictino muy pronto y se educa según los dictados de su abadesa, de quien hereda el cargo. Desde esa posición escribe la primera pieza de teatro moralista de la que tenemos noticia: *Ordo virtutum*. Mística y erudita, sus revelaciones entroncan con una tradición culta de interpretación de las Sagradas Escrituras por medio de su *Scivias*. Con todo, su obra más prolífica fue la epistolar: en ella se recoge su labor como asesora de grandes cuestiones para papas y emperadores y, a la vez, como consejera en las pequeñas desventuras cotidianas. Se embarcó en campañas de predicación cuando el uso de la palabra pública en una mujer era denostado, y destacó como compositora musical. Además, no debe olvidarse su labor científica, reflejada en libros de medicina como *Causae et curae*, así como los nueve libros de *Physica*, en los que describe y prescribe más de doscientas plantas silvestres y unas treinta hierbas medicinales.

Guan Daosheng, pintora de juncos

 Nacida dentro de una familia de la nobleza local china, la esmerada educación que recibió Guan Daosheng se completó con su matrimonio con Zhao Mengfu, gran pintor y burócrata, cuyo oficio le permitió viajar por todo el país. Su vida durante la dinastía Yuan (1271-1368), definida por la invasión y la cultura mongolas, y más liberal con respecto al trabajo femenino, le permitió ejercer distintas artes, lo que combinó con la dedicación a su numerosa familia. En muchos de sus poemas describe los sentimientos hacia su entorno más próximo, como en su conocida «Canción de ti y de mí», escrita después de que su esposo le anunciara que iba a requerir los servicios de una concubina, algo a lo que aquel renunció después de leer la composición. El grueso de su obra pictórica puede reconocerse por haber elegido un asunto reservado a los hombres: los juncos. Dentro de la tradición cultural china, los juncos simbolizaban los valores del perfecto caballero chino, como la flexibilidad y la perennidad que remite a la fidelidad. En sus obras pictóricas, las pequeñas hojas de los juncos se asemejan a signos caligráficos, terreno en el que había realizado la irreemplazable *Los dos mil caracteres clásicos*. Murió en 1319, y su pérdida destrozó a su marido, que nunca se volvió a casar.

La decretal *Periculoso* y el poder de las abadesas

Los conventos se convirtieron en centros de cultura y una fuente de poder para muchas mujeres: a pesar de requerir la presencia de un cura para decir misa y oír la confesión, las abadesas se ocuparon de proporcionar estos sacramentos en determinados momentos relevantes. Las abadesas tenían potestad sobre el personal a su cargo, podían ordenar el levantamiento de hospitales u orfanatos, fomentaban el patronazgo de obras artísticas y hasta gozaban del privilegio de acuñar moneda.

El poder de la mujer dentro de la Iglesia, del que se la despojó durante los siglos III-IV al prohibírsele participar de forma activa en los oficios, se había ido recomponiendo y, durante el siglo XII, los «monasterios dobles», con comunidades separadas de hombres y de mujeres, permitían a determinadas abadesas dirigir grandes comunidades eclesiásticas. Quizá resulte superfluo mencionar que las sucesivas reformas de la Iglesia intentaron limitar dicho poder: la gregoriana del siglo X prohibió la predicación pública y la interpretación de las Sagradas Escrituras a todas las mujeres. Muy importante fue la decretal de 1298 del papa Bonifacio VIII, llamada *Periculoso*, que ordenaba el enclaustramiento de todas las monjas de todas las órdenes europeas con el fin de distanciarlas del elevado número de hermandades no autorizadas de religiosas y de separarlas de las congregaciones masculinas.

Trota de Salerno y la ginecología en época medieval

La importancia de Trota de Salerno durante la Edad Media reside en haber sido la autora de uno de los tratados de medicina femenina más famosos: *De curis mulierum* («La cura de las mujeres»), que incluía asuntos como la ginecología, la obstetricia y la cosmética. En él se reúne un conocimiento práctico de la ginecología, en el que se nos habla de las formas de expulsar el feto y de la preocupación medieval por las irregularidades de la menstruación relacionadas con la concepción. Su obra posee gran relevancia por el modo en que describe el cuerpo de la mujer como construcción social. Así, sus remedios están relacionados con el valor y con la posición del cuerpo de la mujer dentro de las instituciones medievales, y aconsejan tratamientos para suprimir la libido de las monjas, formas de simular la virginidad para mujeres solteras o recomendaciones para tratar las lesiones causadas por una violación. La obra de Trota es el único tratado de este tipo que conservamos escrito por una mujer y acabó con el oscurantismo que se cernía sobre la ginecología: hasta el siglo XIV en la Europa cristiana se consideraba inapropiado que un médico tocara o mirara los órganos genitales femeninos, por lo que se acudía a curanderas o a las ayudantes de los médicos.

Canciones para una *trovatriz*

En el sur de Francia, en la cultura occitana medieval, existió la figura de la trovadora femenina, la *trovatriz*. Se calcula que hubo diecinueve, entre las que destacan la condesa de Dia y Castelloza. Sus obras nos hablan de la activa participación de las mujeres en la cultura medieval y de uno de sus pilares ideológicos: el amor cortesano. Casi todas las composiciones son de carácter amoroso y muestran a los amantes masculinos como esquivos y distantes. También hallamos canciones como la famosa «Na Maria, pretz e fina valors», de Bieris de Romans, que está dirigida a una mujer y que podría tener una lectura lésbica. Estas composiciones fueron escritas de forma anónima o bajo seudónimo, lo que da una imagen de lo complejo que debía de ser para una mujer noble componer y ejecutar música. En el norte de Francia, mujeres compositoras trabajan temas protofeministas como la *chanson de malmariée* («malcasada») y *la chanson de nonne* («monja»), sobre jóvenes enclaustradas contra su voluntad.

SIGLOS
XV A XVIII

1400

1405 **Cristina de Pizán** publica *La Ciudad de las Damas*, antecedente del feminismo y una de las piezas más famosas de la denominada «querella de las mujeres».

1429 Las voces que **Juana de Arco**, de diecisiete años, llevaba años oyendo dentro de su cabeza le ordenan que libere Francia del yugo inglés y que se ponga al frente de las tropas de su país durante las últimas batallas de la guerra de los Cien Años. Sus visiones y sus vehementes opiniones la condujeron ante el tribunal de la Inquisición, que la condenó a muerte.

1523 **Argula von Grumbach** se convierte en una de las primeras difusoras de la doctrina de Lutero, tras escribir una extensa carta a la Universidad de Ingolstadt (Bavaria); en ella reta teológicamente al rector que había encarcelado a un estudiante protestante.

1533 **Roxelana** contrae matrimonio con Suleimán el Magnífico, hecho que transforma las costumbres reales otomanas.

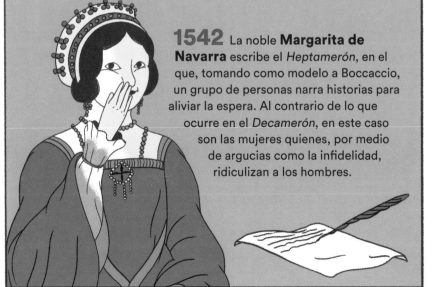

1542 La noble **Margarita de Navarra** escribe el *Heptamerón*, en el que, tomando como modelo a Boccaccio, un grupo de personas narra historias para aliviar la espera. Al contrario de lo que ocurre en el *Decamerón*, en este caso son las mujeres quienes, por medio de argucias como la infidelidad, ridiculizan a los hombres.

1549 La reina **Amina de Zazzau** (Zarai, Nigeria) hereda el trono del reino e inicia una agresiva campaña militar de expansión y de control de las rutas comerciales que lo conformaban. Responsable de la unificación y del amurallamiento de las distintas ciudades estado del reino, recibió el sobrenombre de «Amina, Yar Bakwa ta san rana», es decir, «Amina, una mujer tan capaz como cualquier hombre».

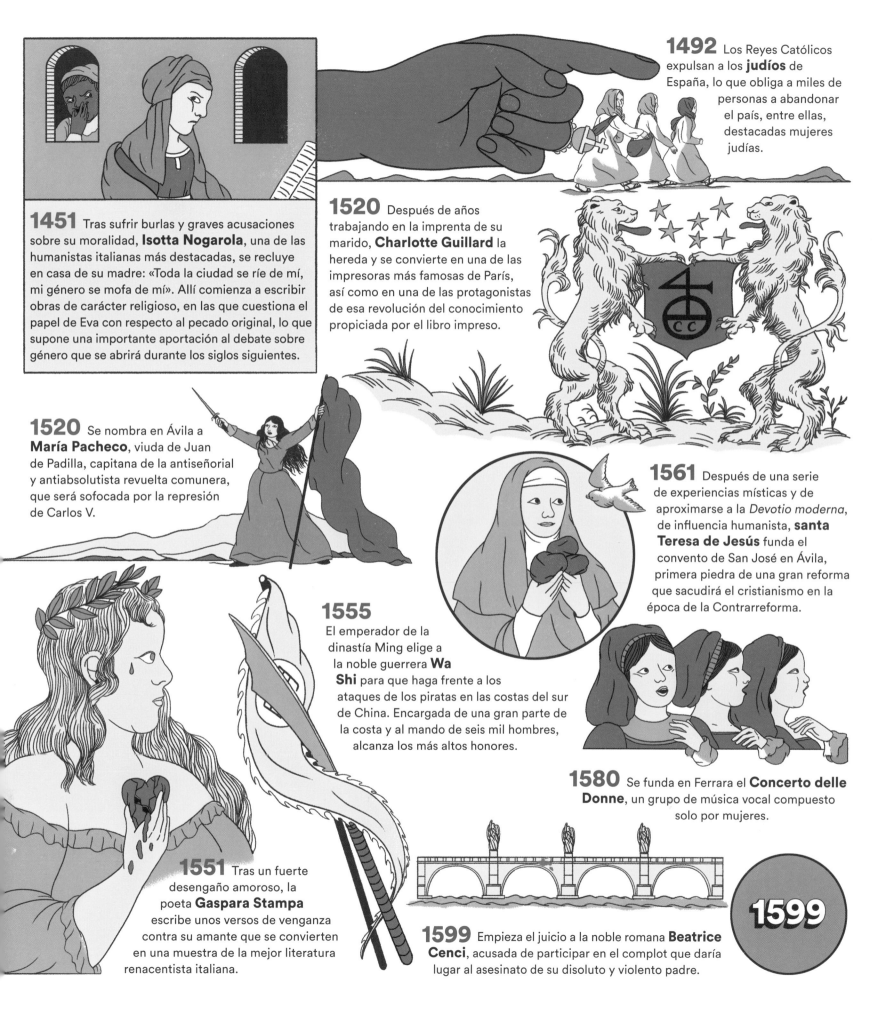

1492 Los Reyes Católicos expulsan a los **judíos** de España, lo que obliga a miles de personas a abandonar el país, entre ellas, destacadas mujeres judías.

1451 Tras sufrir burlas y graves acusaciones sobre su moralidad, **Isotta Nogarola**, una de las humanistas italianas más destacadas, se recluye en casa de su madre: «Toda la ciudad se ríe de mí, mi género se mofa de mí». Allí comienza a escribir obras de carácter religioso, en las que cuestiona el papel de Eva con respecto al pecado original, lo que supone una importante aportación al debate sobre género que se abrirá durante los siglos siguientes.

1520 Después de años trabajando en la imprenta de su marido, **Charlotte Guillard** la hereda y se convierte en una de las impresoras más famosas de París, así como en una de las protagonistas de esa revolución del conocimiento propiciada por el libro impreso.

1520 Se nombra en Ávila a **María Pacheco**, viuda de Juan de Padilla, capitana de la antiseñorial y antiabsolutista revuelta comunera, que será sofocada por la represión de Carlos V.

1561 Después de una serie de experiencias místicas y de aproximarse a la *Devotio moderna*, de influencia humanista, **santa Teresa de Jesús** funda el convento de San José en Ávila, primera piedra de una gran reforma que sacudirá el cristianismo en la época de la Contrarreforma.

1555 El emperador de la dinastía Ming elige a la noble guerrera **Wa Shi** para que haga frente a los ataques de los piratas en las costas del sur de China. Encargada de una gran parte de la costa y al mando de seis mil hombres, alcanza los más altos honores.

1580 Se funda en Ferrara el **Concerto delle Donne**, un grupo de música vocal compuesto solo por mujeres.

1551 Tras un fuerte desengaño amoroso, la poeta **Gaspara Stampa** escribe unos versos de venganza contra su amante que se convierten en una muestra de la mejor literatura renacentista italiana.

1599 Empieza el juicio a la noble romana **Beatrice Cenci**, acusada de participar en el complot que daría lugar al asesinato de su disoluto y violento padre.

1599

De 1400 a 1600

La querella (y la ciudad) de las mujeres

La querella de las mujeres fue una disputa intelectual y literaria fruto de los ataques misóginos de los defensores del patriarcado que fueron contestados por toda una generación de escritoras. Uno de los primeros textos de este debate fue *La Ciudad de las Damas*, escrito en 1405 por Cristina de Pizán. El libro presenta una alegórica ciudad femenina, en la que residen creadoras famosas por sus obras del pasado y del presente. Junto con Pizán tenemos a la famosa poeta Louise Labé, en cuyas *Obras* (1555) animaba a las mujeres a escribir y a instruirse, pues consideraba que la educación de estas constituía una pieza clave de la disputa, como demuestra también el hecho de que, en *Sobre la igualdad de hombres y mujeres* (1622), la filósofa Marie de Gournay expusiera que lo único que diferenciaba a los dos géneros era el acceso a la educación. Hubo autoras que se valieron de su experiencia personal para escribir alegatos contra el abuso hacia las mujeres: la monja veneciana Arcangela Tarabotti trató el tema del enclaustramiento forzoso, que ella misma sufrió y que la indujo a redactar su obra más famosa y censurada: *Tiranía paterna* (1654). Además, varias mujeres pertenecientes a la nobleza se valieron de su educación para hacer una defensa global de su género: la poeta inglesa Sarah Fyge (Egerton), por ejemplo, se enfrentó a la misoginia de un autor concreto en *The Female Advocate* (1686), y su compatriota Mary Chudleigh escribió *The Ladies Defence* (1701) en respuesta a un sermón que relegaba a las mujeres a la fidelidad y la obediencia al marido.

Las mujeres pasaron también a ser abanderadas de las nuevas modas culturales en los ámbitos semiprivados de los salones literarios, convertidos en broma misógina por Molière en su obra *Las preciosas ridículas* (1659). El avance intelectual de las mujeres y su defensa sufrieron un duro revés cuando, en 1762, Jean-Jacques Rousseau, en el libro V de su *Emilio*, prescribió la educación de Sofía, la «mujer ideal», lo que relegó otra vez a las mujeres a las sombras de lo privado y lo sentimental: ellas no iban a tener Ilustración. La necesidad de que las mujeres recibieran una educación mejor se asentó ya a finales del siglo XVII con la propuesta de crear colegios femeninos que Mary Astell describió en su tratado *A Serious Proposal to the Ladies, for the Advancement of Their True and Greatest Interest* (1694).

La expulsión de dos señoras

La expulsión de los judíos de España en 1492 y su posterior persecución religiosa no solo representó una gran tragedia personal, sino también cultural, pues provocó la huida de una serie de mujeres de gran valía intelectual, como Bienvenida Abravanel (sobrina de Isaac Abravanel, el famoso teólogo y consejero de los Reyes Católicos), que se trasladó con toda su familia a Nápoles. Allí, al ser este último un reino español, sufrió también persecución, pero, gracias a la influencia de su familia, se logró retrasar la expulsión de los judíos hasta 1540, cuando decide instalarse en Ferrara, ciudad que se había convertido en un refugio sefardí en Italia. En Ferrara, y hasta su muerte, Bienvenida manejó y multiplicó los negocios familiares y abrió su hogar a artistas y a intelectuales.

Otra de las figuras más fascinantes del período será Gracia Nasi (Beatriz de Luna Miques), una de las mujeres más ricas de la Europa del siglo XVI, cuya familia recaló en Portugal tras huir del edicto de Granada. Tras varios años viviendo como falsos conversos, su familia y ella se trasladarán a Venecia, luego a Ferrara y, en 1553, a Turquía. En este último país, Gracia Nasi no solo vivía abiertamente su fe judía, sino que prestaba dinero al papado, a Francia o a España, creaba una red de contactos para que los judíos pudieran escapar y establecía medidas de bloqueo comercial en aquellas ciudades que, como Ancona, los ejecutaban. Patrocinadora de sinagogas y apodada la Señora, su poder, sus fugas y su carácter de protectora sefardí nos acercan a los conflictos de toda una época.

El sultanato de las mujeres

La historia de Haseki Hürrem Sultan, conocida como Roxelana, nos acerca tanto a la enorme resiliencia femenina como a la necesidad de las mujeres de borrar la separación entre lo privado y lo político. Roxelana era una mujer de origen eslavo, secuestrada con quince años por los tártaros y que acabó en un mercado de esclavas, donde fue comprada como regalo para el harén del sultán del Imperio otomano: Suleimán el Magnífico. La extraordinaria capacidad personal de Roxelana hizo que, en un organismo tan complejo como un harén, se convirtiera en la preferida del sultán, hasta el punto de que este la haría su consorte. Así, Roxelana reinstauró la práctica del matrimonio entre la aristocracia y logró eliminar otras costumbres de la poligamia otomana, como la prohibición de tener más de un hijo con el sultán y la de permanecer en el harén solo hasta que el hijo concebido con el sultán hubiese cumplido la mayoría de edad. Tras trasladarse a vivir con el sultán y convertirse en su consejera política, su reinado inauguró un período conocido como el «sultanato de las mujeres», durante el que muchos de los sultanes, al ser menores de edad, relegaban las decisiones políticas en sus madres y en sus esposas, mujeres que habían sido esclavas y que ahora marcaban los designios del imperio.

El primer grupo de chicas de la historia

Los grupos de chicas parecen un fenómeno del siglo XX, pero el primer grupo musical profesional de mujeres del que tenemos noticia se creó en 1580 en el ducado de Ferrara. Este hecho fundamental de la historia de la música sucedió cuando el duque Alfonso II d'Este llamó a su corte a cuatro mujeres —Livia d'Arco, Anna Guarini, Laura Peverara y Tarquinia Molza— para fundar el Concerto delle Donne. Hasta ese momento, pocas mujeres ejecutaban música de forma profesional dentro del campo de la *musica riservata*, por lo que, para justificar su presencia y su escandalosa actividad (¡mujeres pagadas para cantar públicamente!), se tuvieron que adoptar medidas especiales. El duque, el primer mánager de un grupo de chicas de la historia, seleccionó a estas mujeres no solo por sus cualidades artísticas, sino también por pertenecer a la baja nobleza; además, las casó con nobles de su propio círculo, para lo que aumentó su dote, y les asignó un trabajo extra que justificara su presencia en la corte: las convirtió en damas de compañía de la duquesa. El éxito de este grupo resultó increíble y los *ensembles* de cantantes femeninas se multiplicaron por toda Italia. Las composiciones que se escribieron para ellas inspiraron la revolución del estilo de los madrigales, que anunciará la música barroca.

Beatrice Cenci y la venganza contra el tirano

La filósofa Hannah Arendt señaló que la historia de los totalitarismos es la del padre de familia respetable que se convierte en el criminal del siglo. La violencia ejercida por los padres y maridos constituye una constante histórica. Es el caso de los Cenci, pertenecientes a la nobleza romana, cuyo patriarca era conocido por cometer todo tipo de atrocidades contra los suyos, en particular contra sus hijas, a las que tenía encerradas en casa. La situación llegó a ser tan insostenible que se rogó al Papa su intercesión para que librara a la familia de la obligación de convivir, petición que fue rechazada y que llevó a Beatrice Cenci a planear un complot para asesinar a su propio padre. En 1598, tras suministrarle un vino con sedante, Francesco fue asesinado con un martillo; después lo arrojaron desde uno de los balcones del palacio para que pareciera un accidente. El juicio se convirtió en un gran acontecimiento en Roma y contó con peticiones de clemencia que, sin embargo, no libraron a Beatrice de la muerte.

La caza de brujas: el inicio de una nueva era

Vieja, seca y mugrienta. Vestida con andrajos, sentada sobre una cabra o un palo y volando por los cielos.

Esta es la imagen de la bruja que se construyó en una ubicua campaña de terror llevada a cabo en Europa entre los siglos XVI y XVII. En aquel contexto se produjo un terrible feminicidio, que rondó los cientos de miles. Esta masacre supuso una gran catástrofe humana, cultural y social.

¿Qué había realmente detrás de esas matanzas?

En *Calibán y la bruja* (2010), Silvia Federici afirma que esta persecución no entra dentro de la lógica de la oscuridad medieval, sino de las luces de la Razón y la instauración del sistema capitalista. Durante los siglos en que se llevó a cabo la caza de brujas se vivieron una serie de revueltas campesinas, de crisis demográficas y de turbulencias económicas que, acompañadas de la creencia de que un mayor número de habitantes incre-

mentaba la riqueza del reino, llevó al control sobre el cuerpo de las mujeres y a la devaluación del trabajo femenino. La principal ocupación de la mujer pasó a ser la de producir súbditos a los que transmitir la herencia.

En este «terrorismo de Estado», las mujeres eran descritas como seres desequilibrados e ingobernables unidos a la naturaleza. Junto con estos discursos, un amplio despliegue de sermones, de escritos y de representaciones visuales aleccionaron sobre cómo reconocer a las brujas y animaron a la delación. Convertidas en símbolo de lo femenino y de lo irracional, había que castigarlas para que se adaptaran a la racionalidad burguesa, para subordinarlas al trabajo masculino y para controlar a las comunidades campesinas que se resistían a los cambios económicos.

Para Federici, «la caza de brujas [...] fue un ataque a la resistencia que las mujeres opusieron a la difusión

de las relaciones capitalistas y al poder que habían obtenido en virtud de su sexualidad, su control sobre la reproducción y su capacidad de curar». Por ello, resulta significativo que, en un período en el que las tierras comunales estaban siendo cercadas y en el que los lazos colectivos se debilitaban, la mayoría de las acusadas fueran mujeres viejas y pobres, mientras que los principales acusadores fueran hombres pertenecientes a estamentos superiores, lo que reflejaba el temor de estos hacia las clases más desfavorecidas.

La brujería, considerada un crimen femenino, pasó a demonizar a las mujeres sabias locales —que dejaron paso a los médicos y a sus saberes académicos— y subrayó tanto la persecución de la sexualidad femenina no reproductiva —las brujas eran también promiscuas y prostitutas— como la iniciativa política de las mujeres a la cabeza de las revueltas campe-

sinas. Sometidas a violencia física y sexual, torturadas y ajusticiadas públicamente delante de sus propias hijas, la resistencia colectiva a la locura desatada fue excepcional, un hecho que se explicaba por la propagación de una continua campaña misógina.

El final de la caza de brujas no se produjo porque el siglo XVIII, con la Ilustración, hiciera que las supersticiones desaparecieran, sino porque la burguesía se hallaba segura y procedió a apagar las llamas de unas hogueras que empezaban a extenderse mediante acusaciones a mujeres de clase alta. Para Federici, las brujas representaron un modo de existir que el nuevo orden económico necesitaba erradicar porque amenazaba su poder: «Cuando esta tarea acabó de ser cumplida —la disciplina social fue restaurada y la clase dominante vio consolidada su hegemonía—, los juicios a las brujas llegaron a su fin».

La destrucción del reino de Anacaona

Se había tocado la cruz que llevaba en el pecho y el ambiente se había vuelto extraño. El viento había dejado de mecer las hojas del ébano y la caoba haitiana y solo se oía el relincho contenido de setenta caballos. Anacaona, situada en un lugar privilegiado para ver la exhibición equina, sabía que algo malo iba a ocurrir: los españoles habían demostrado que no eran de fiar.

La vida de Anacaona cambió con la de todo el continente americano cuando Cristóbal Colón pisó Guanahani y sus islas vecinas el 12 de octubre de 1492. Este territorio, que conforma los actuales Haití y República Dominicana, estaba habitado por el pueblo taíno y se dividía en cinco cacicazgos. Uno de los más importantes y desarrollados culturalmente era el de Jaragua, en la zona de Puerto Príncipe, que estaba gobernado por el cacique Bohechío. Su hermana, Anacaona, se había casado con un líder vecino. Debido a su pacífica bienvenida, los taínos dieron a los españoles la impresión de ser unos pobres agricultores a los que se podía engatusar con baratijas y de los que se sacarían pocos beneficios, más allá de ser vendidos como esclavos y extorsionados mediante el cobro de tributos.

Una de las artífices de esa acogedora bienvenida fue precisamente Anacaona, quien, actuando como corregente con su hermano, dispensó regalos y tributos, quizá sorprendida por el avance tecnológico que suponían esos enormes barcos que los españoles habían llevado. A sus virtudes diplomáticas se sumaban sus dotes como poeta y sus composiciones (rimas o romances, los llamados «areítos») se coreaban en danzas en las que se representaba el mito de la creación taíno. Se dice que su inteligencia y hospitalidad hicieron que los españoles levantaran un campamento permanente en sus tierras —La Española—, pero la presencia de estos pronto se tornó insoportable, debido a las enfermedades, a los abusos físicos y a los requerimientos de tributos, lo que provocó que estallara una serie de revueltas. Tras la muerte de su hermano, Anacaona heredó el cacicazgo de Jaragua, posición desde la que intentó apaciguar las cada vez más tensas relaciones con los españoles. Estas se torcieron definitivamente con la llegada del nuevo gobernador, Nicolás de Ovando, quien de forma paulatina detuvo al resto de los caciques —rivales de Anacaona— hasta que, en 1503, solicitó una reunión con esta para abordar el tema de los tributos.

En tan difíciles circunstancias, Anacaona decidió echar mano de sus mejores herramientas diplomáticas y, tras convocar a la nobleza local, organizó una gran fiesta con bailes de bienvenida, con manjares y con juegos para agasajar a los españoles —trescientos militares a pie y setenta a caballo—. Nicolás de Ovando ofreció, a cambio, una demostración hípica que, en realidad, era una emboscada. Cuando los taínos se encontraban en el centro de la plaza, el ejército bloqueó las salidas y, al reflejarse el sol sobre la cruz del gobernador, este la tocó para que los españoles empezaran el ataque.

En un estremecedor relato, fray Bartolomé de las Casas narra: «Comienzan a dar gritos Anacaona y todos a llorar, diciendo que por qué causa tanto mal» (*Historia de las Indias*, II, 9). Los líderes son apresados y torturados, las mujeres y los niños, asesinados, y se queman las casas con sus ocupantes dentro. Fray Bartolomé de las Casas añade un grotesco final a este episodio de la invasión española de América y concluye con la afirmación de que a una reina tan respetada y querida los españoles le ahorraron el dolor físico que impusieron al resto de los suyos: «A la reina y señora Anacaona, por hacerle honra, la ahorcaron» (*ibid.*).

1600

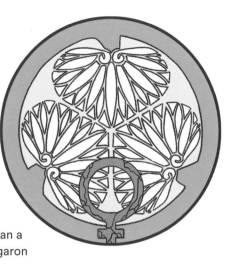

1604
El período Edo inicia en **Japón** una etapa de gran misoginia tras una Edad Media en la que las mujeres escribían, escogían a sus amantes e incluso llegaron a ser emperadoras.

1609 La partera **Louyse Bourgeois** publica *Observaciones diversas sobre la esterilidad, el aborto, la fertilidad, el parto y enfermedades de la mujer y los recién nacidos*, tratado de obstetricia en el que plasmó su experiencia de casi dos mil partos en cincuenta capítulos, que se convirtió en una obra imprescindible para la práctica de la obstetricia.

1650 La astrónoma polaca **Maria Cunitz**, conocida como la Palas de Silesia por sus contribuciones culturales y científicas, publica *Urania propitia*, una simplificación de las *Tablas rudolfinas* (*Tabulae rudolphinae*), en la que incluía nuevas tablas matemáticas y daba su propia solución al «problema de Kepler» para determinar la posición de un planeta en su órbita.

1629 La poderosa **Nzinga de los reinos de Ndongo y Matamba** recupera el poder sobre este último territorio, del que había sido expulsada por los portugueses.

1692 Se celebran los masivos **juicios de brujería de la ciudad de Salem**, Massachusetts, donde la comunidad, extremadamente puritana, había entrado en una histeria religiosa que comenzó con la denuncia de tres mujeres y acabó con veinte ejecuciones. Arthur Miller, en el siglo XX, adaptó los juicios de las brujas de Salem en *El crisol* con el fin de criticar la persecución de comunistas llevada a cabo por el senador republicano estadounidense Joseph McCarthy.

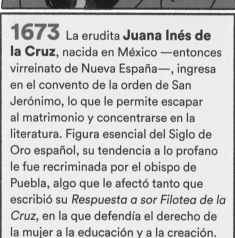

1673 La erudita **Juana Inés de la Cruz**, nacida en México —entonces virreinato de Nueva España—, ingresa en el convento de la orden de San Jerónimo, lo que le permite escapar al matrimonio y concentrarse en la literatura. Figura esencial del Siglo de Oro español, su tendencia a lo profano le fue recriminada por el obispo de Puebla, algo que le afectó tanto que escribió su *Respuesta a sor Filotea de la Cruz*, en la que defendía el derecho de la mujer a la educación y a la creación.

1659 **Giulia Tofana**, inventora del *acqua toffana*, es ajusticiada por las autoridades papales tras descubrirse su negocio: fabricar y vender venenos a mujeres que, atrapadas en matrimonios desdichados o violentos, querían enviudar.

1688 La espía y escritora inglesa **Aphra Behn**, que había presenciado revueltas de esclavos en La Guayana holandesa, publica su obra *Oroonoko*, que está considerada la primera novela antiesclavista.

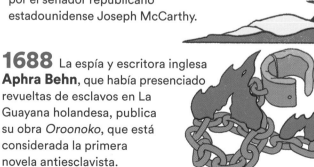

1616 La pintora barroca **Artemisia Gentileschi** entra en la Academia de Dibujo de Roma, lo que la convierte en la primera mujer en conseguirlo.

1613 Matoaka, nativa norteamericana e hija del jefe de la tribu powhatan, sufre el secuestro de los colonos ingleses.

1624 Feliciana Enríquez de Guzmán, una de las primeras dramaturgas españolas de las que se tiene noticia, publica su *Tragicomedia. Los jardines y campos sabeos, primera y segunda parte, con diez coros y cuatro entreactos.*

1789 Un gran grupo de mujeres protesta en París por la escasez de pan y su elevado precio, recluta a más mujeres en los mercados y genera una gran acción reivindicativa que culminará en **la marcha sobre Versalles**, acontecimiento clave de la Revolución francesa.

1792 La inglesa **Mary Wollstonecraft** publica su *Vindicación de los derechos de la mujer* en respuesta a los franceses, que excluían a las mujeres de los frutos y de las teorizaciones de la Revolución Francesa, la tónica habitual de un proceso que pretendió llevar la dignidad al pueblo siempre que este llevara pantalones.

1720 Las piratas **Mary Read** y **Anne Bonny** son capturadas por las tropas del capitán Barnet y condenadas a la horca. Vestida de hombre desde su infancia, Mary Read fue reclutada por el capitán Jack Rackham, entre cuyos marineros se hallaba Anne Bonny. Ella fue la primera en darse cuenta de que Read era una mujer y ambas fraguaron una amistad cuya naturaleza lésbica ha sido objeto de gran especulación.

1780 Pese a figurar entre los cuarenta firmantes que consiguieron la apertura de la Royal Academy de Londres, a **Angelica Kauffman** y **Mary Moser** se les veta el acceso a las clases de dibujo al natural por su condición de mujeres.

1780 Velu Nachiyar, princesa de Ramanathapuram, se alza contra los colonos británicos de la India y lidera un ejército de mujeres llamado Udaiyaal.

1799

De 1600 a 1800

Misoginia y «barrios de placer» en el Japón Tokugawa

El estatus de las mujeres decae en Japón desde 1604, sobre todo debido el auge del confucionismo y a la publicación de *Onna Daigaku* («El aprendizaje de las mujeres»), de Kaibara Ekiken, que establecía que estas «eran estúpidas y no debían fiarse de ellas, sino obedecer en todo a su marido». El confucionismo consideraba a la esposa una mera administradora del hogar y estaba bien visto que el hombre recurriera a otras mujeres para su propio esparcimiento, sin olvidar el sexo. El shogunato Tokugawa estableció para ello los «barrios de placer», donde la prostitución era legal y donde residían las «mujeres de placer» (*yujo*). Los barrios se convirtieron en verdaderos centros de disfrute para varones que ofrecían sexo y divertimento; numerosas cortesanas se especializaron en el arte de entretener con bailes, canciones, poesía e incluso con la caligrafía. De una combinación de este fenómeno con las antiguas adolescentes *odoriko* —bailarinas contratadas por ricos samuráis que se habían convertido en prostitutas— nacieron las *geishas*, de cuya existencia se tiene constancia por primera vez en 1750 con Kikuya de Fukugawa, cantante que alcanzó un gran éxito.

La verdadera historia de Pocahontas

En marzo de 1613, la nativa norteamericana Matoaka es secuestrada por colonos para ser empleada como moneda de cambio, ya que los powhatan, su tribu, tenía rehenes ingleses. Desde su secuestro, Matoaka vivió en el condado de Chesterfield, donde aprendió inglés y fue educada en el cristianismo. Un viudo, John Rolfe, se encaprichó de ella y escribió una carta al gobernador en la que le pedía permiso para desposarse con ella, para lo que aducía que la unión de ambos salvaría su alma pagana. Se desconoce si, en su frenesí a la hora de pedir permisos, hizo lo propio con la interesada.

La boda se celebró en 1614 mediante el rito católico y Matoaka pasó a llamarse lady Rebecca. Vivieron en una de las plantaciones de Rolfe y, tras un año de casados, nació su primer hijo. En 1616, Matoaka viajó con su familia a Inglaterra junto con un grupo de once nativos norteamericanos, donde no tardó en contraer unas fiebres —se cree que a causa de la tuberculosis, que causaba estragos entre los indígenas, cuyos cuerpos no estaban preparados para enfrentarse a las enfermedades europeas— que le provocaron la muerte con tan solo veintidós años. La trágica historia de Matoaka, secuestrada y casada con un colono, trasladada al continente europeo y fallecida de forma prematura, fue adaptada y edulcorada en la película de Disney *Pocahontas* (1995), en la que su amistad con el colono John Smith se convierte en una relación amorosa.

El poderoso pincel de Artemisia Gentileschi

Artemisia Gentileschi se formó en el taller paterno. Dada la situación de las mujeres de esta época, totalmente circunscrita al ámbito doméstico, solo podía convertirse en pintora, si el padre aceptaba, dentro de este taller. En el caso de Artemisia, aquel decidió asignarle un preceptor que continuase con su educación, dado el veto impuesto a las mujeres por parte de las academias oficiales. En 1611, Agostino Tassi, pintor fiorentino que se había hecho cargo de la educación de Artemisia, la forzó sexualmente. Esta lo denunció y se produjo un gran escándalo en Roma. En el juicio, Tassi fue hallado culpable de violación, robo, incesto e intento de asesinato —el de su mujer—, por lo que primero se le condenó a prisión y, después, al exilio. En el transcurso del juicio, Artemisia fue torturada, una práctica habitual en las vistas con la que se pretendía asegurar la veracidad de los testimonios. Esta experiencia ejerció una gran influencia en su obra, en la que comenzó a retratar episodios bíblicos protagonizados por mujeres empoderadas que asumían un papel de liderazgo, como vemos en *Judith degollando a Holofernes*.

Feliciana Enríquez de Guzmán y la apertura del teatro a las mujeres

Hasta 1587, la presencia de mujeres sobre y tras las tablas estaba prohibida en España, y a las compañías teatrales que contaban con ellas en su repertorio se las multaba con cinco años de destierro y con cien maravedíes. Después de esta fecha, por orden del Consejo de Castilla, se abrió tímidamente el teatro a las mujeres, siempre que las actrices estuvieran casadas y que acudieran acompañadas de sus maridos —como fue el caso de las hermanas Calderón—, y hubo mujeres que escribieron sus propias obras, como Feliciana Enríquez de Guzmán, aunque nunca alcanzaron la proyección de sus compañeros varones. En *Tragicomedia. Los jardines y campos sabeos*, la autora teoriza sobre el teatro y se opone al *Arte nuevo de hacer comedias en este tiempo* de Lope de Vega. Los entreactos en prosa de *Los jardines y campos sabeos*, titulados «Las gracias mohosas», adelantan el feísmo expresionista de Valle-Inclán mediante el diseño de esperpénticos personajes. Sobre Feliciana se escribió mucho en su época, en especial sobre su capacidad para burlar las convenciones, en textos en los que es difícil separar la realidad de la ficción: Lope de Vega, por ejemplo, en su *Laurel de Apolo*, habla de una tal Feliciana, que habría estudiado en Salamanca disfrazada de hombre.

Nzinga, el azote angoleño de los portugueses

Según la leyenda, una sabia vaticinó a su madre el futuro reinado de Nzinga, hija del déspota que gobernaba los reinos de Ndongo y Matamba de África, donde habitaban los mbundu. Sin embargo, tras la derrota paterna, en 1610, el hermano de Nzinga (Ngola) asumió el poder y la desterró, pues la consideraba una amenaza. En ese momento, el tráfico atlántico de esclavos se encontraba en auge: portugueses, ingleses y franceses colonizaban África, la expoliaban y secuestraban a sus gentes para emplearlas en trabajos forzados y en la trata. Cuando Francia e Inglaterra comenzaron a consolidarse en este mercado, Portugal viró hacia el Congo y el suroeste de África, hasta la tierra de los mbundu, a la que llamaron «Angola», pues consideraron que el nombre de su líder, Ngola, era el del territorio. Consciente del avance de los colonos, Ngola ordenó el regreso de Nzinga con el fin de que esta negociara y asegurara la independencia de su reino. Nzinga consiguió un trato con los portugueses y se convirtió al catolicismo. Sin embargo, los colonos no respetaron el trato y continuaron con el expolio y con el tráfico de esclavos, lo que condujo a un enfrentamiento que acabó con el suicidio de Ngola y con la asunción del poder por parte de Nzinga.

Velu Nachiyar y el ejército femenino suicida

Velu Nachiyar, princesa de Ramanathapuram, fue hija única y recibió una educación como guerrera y como intelectual: dominaba el uso de las armas, era jinete y arquera, practicaba artes marciales y hablaba francés, inglés y urdu. Su esposo y padre de su hija, el rey de Sivagangai, fue asesinado por soldados británicos durante la invasión de la ciudad, motivo por el cual Nachiyar se vio obligada a dejar Sivagangai y a refugiarse en Virapuchi, donde fraguaría su venganza. En 1780, habiendo formado su propio ejército y dispuesta a expulsar a los ingleses, Nachiyar mandó a una de sus seguidoras al depósito donde aquellos almacenaban sus municiones. Kuyili, la mujer soldado en cuestión, entró embadurnada de aceite y se prendió fuego, lo que hizo que las reservas de los colonos explotaran. El ejército de Nachiyar adoptó el nombre de Udaiyaal en honor a una de las hijas adoptivas de Nachiyar, que murió tras hacer detonar otro arsenal británico. En 1790, seis años antes de su muerte, su hija biológica la sucedió en el trono. Pese a los deseos de Nachiyar, la India acabó convertida en colonia inglesa hasta 1947.

Revolución y techo de cristal: la decepción francesa

A cuatro días del inicio del estío de 1789, el Tercer Estado parisino se autoproclama Asamblea Nacional y la Revolución francesa comienza su andadura. Su primer fruto textual, la *Declaración de los derechos del hombre y del ciudadano*, ignora a las mujeres y las confirma como sujetos sin naturaleza de ciudadanía. Ofendidas por la traición de los varones, la filósofa Olympe de Gouges responde con su *Declaración de los derechos de la mujer y de la ciudadana* (1791), y muchas mujeres vuelcan sus peticiones en los «cuadernos de quejas», único recurso oficial con el que cuentan para dar voz a sus aspiraciones y a sus demandas políticas. Estos cuadernos constituyen todo un testimonio de la vida y de las prioridades de las mujeres francesas del siglo XVIII: el derecho a la educación y a la propiedad y la mejora de sus condiciones labo-

rales. Pese a los obstáculos, las mujeres muestran un claro espíritu de participación política y el 14 de julio toman parte en el asalto a la Bastilla instigadas por la revolucionaria Théroigne de Méricourt, que empuña su espada ante la mirada reprobadora de los conservadores. Pronto la insurrección se extiende por toda Francia y los derechos del rey en la Cámara quedan limitados al veto. Ante esta imposición, que reduce su poder de forma contundente, la monarquía se revuelve y pronto es intimidada por las Furias, mujeres parisinas que marchan sobre Versalles y que obligan a la familia real a abandonar su residencia.

La nueva y esperada Constitución, aprobada en 1791, dio paso a una Asamblea Legislativa formada solo por varones: *feuillants*, girondinos, jacobinos y *cordeliers*. Estos últimos, el grupo más radical, exigía

el sufragio universal masculino, por lo que los derechos de las mujeres nunca estuvieron sobre la mesa. En respuesta a esta exclusión, surgieron organizaciones femeninas en las que se leían los periódicos y se discutían las leyes. En 1793, con la toma del poder por parte de los jacobinos, los clubes de mujeres se prohibieron en Francia y muchas revolucionarias fueron ejecutadas por sus críticas al baño de sangre en el que se había convertido el país. Olympe de Gouges, autora de la mencionada declaración, fue guillotinada por oponerse al Terror jacobino de Robespierre, un destino similar al de madame Roland, que había denunciado el nocivo curso de un levantamiento que comenzaba a transformarse en una carnicería. La popularidad de madame Roland no la libró de la condena a muerte. Antes de ser ejecutada, se lamentó:

«¡Oh, libertad, cuántos crímenes se cometen en tu nombre!».

En 1794, tras ser ejecutadas las grandes pensadoras de la Revolución, se prohíbe la presencia femenina en cualquier actividad política y, un año después, se penaliza con el arresto su asistencia a las asambleas. La toma del poder a manos de Napoleón Bonaparte y la instauración de su misógino código napoleónico en 1804 rubrica de forma definitiva la traición de la Francia revolucionaria a las mujeres.

La nueva y esperada Constitución de 1791 da paso a una Asamblea Legislativa, formada solo por varones.

Queen Nanny, reina de los maroons

Durante siglos, la colonización de tierras ajenas por parte de los países pertenecientes a Europa se sostuvo sobre tres pilares fundamentales: la religión católica, cuya expansión sirvió como excusa a los colonos para apropiarse de tierras ajenas; el expolio, asesinato y aculturación de los nativos originarios, y el mercado de esclavos, cuya rama atlántica fue instaurada tras la invasión de América en 1492.

El fenómeno de la esclavitud, que generó una violenta discriminación racial incluso tras su abolición en el siglo XIX, se vio asaltado desde sus inicios por fuertes resistencias. El caso de los denominados maroons jamaicanos constituye uno de los más llamativos, tanto por su carácter temprano como por haber dado nacimiento a comunidades nuevas que, para más inri, tenían al frente a una mujer, una de las figuras más icónicas de la Jamaica actual: Queen Nanny.

Los maroons eran mujeres y hombres —y sus descendientes— secuestrados en el continente africano por europeos y trasladados, después, a América —con el fin de ser esclavizados y de convertirlos en objeto de venta, de trueque o de intercambio—, que huyeron y formaron sus propios asentamientos. En el caso de Jamaica, gran productora de azúcar de caña y, por lo tanto, un territorio con una gran masa de población esclavizada, ya desde principios del siglo XVII hubo quienes consiguieron escapar de sus raptores. Una vez que abandonaban furtivamente las plantaciones, los fugitivos se unían a los grupos de nativos de la zona, que también estaban siendo sometidos por los blancos, o creaban sus propias comunidades.

Desde 1654, cuando los ingleses envían sus tropas al Caribe para imponer su control sobre unas Indias dominadas por los españoles, multitud de esclavos escapan y surgen diversas comunidades de maroons, a menudo constituidas también por los arawak, nativos jamaicanos que fueron exterminados por la violencia y por las enfermedades que los europeos llevaron consigo. Una de las comunidades de resistencia más estables y duraderas fue Nanny Town, liderada por Queen Nanny, una mujer de la tribu asante. Nacida en Ghana, escapó de la esclavitud tras ser secuestrada y enviada a Jamaica, donde fue vendida a una plantación próxima a Port Royal. Nanny no solo luchó por su libertad: también hizo de la ajena su misión en Jamaica. Los maroons no se limitaban a huir, sino que fomentaban la resistencia: impulsaban rebeliones de esclavos, ayudaban a organizar fugas desde las plantaciones, atacaban tanto las tierras como las propiedades de los terratenientes y llegaron a desarrollar una gastronomía propia, adaptación de la nativa, en la que se empleaban las cocciones lentas para que el humo de las brasas no delatara su presencia a las fuerzas británicas.

Nanny Town, fundada en torno a 1720, resistió numerosos envites de los ingleses debido tanto a la organización de sus habitantes, que pusieron vigías que alertaban de la actividad británica mediante un instrumento con forma de cuerno llamado *abeng*, como a su posición estratégica en las Montañas Azules, lo que permitía tener una privilegiada perspectiva y daba al traste con el factor sorpresa de los ataques ingleses. Pese a todo, en 1734, la villa fue asaltada y, al final, los británicos, bajo las órdenes del capitán Stoddart, la incendiaron.

Hoy, un monumento en honor a Nanny recibe a los visitantes en Moore Town, un asentamiento en las montañas llamado originalmente New Nanny Town que fue fundado tras el acuerdo de paz firmado entre ingleses y maroons en 1740. Jamaica no alcanzó la independencia hasta el siglo XX, en 1962, y Queen Nanny se convirtió en un icono de la cultura jamaicana y de la resistencia de los africanos esclavizados frente a los europeos. Su retrato aparece en los billetes jamaicanos de quinientos dólares —llamados «nannies»— y en 1976 fue declarada heroína nacional del país.

SIGLO

XIX

1800

1802 La antigua esclava y militar **Victoria Montou** participa en la Revolución haitiana, primer levantamiento revolucionario de Latinoamérica protagonizado por esclavos que culminó con la abolición de la esclavitud en la colonia de Saint-Domingue.

1804 Se instaura el **código napoleónico**, que muy pronto entrará en vigor en toda Europa, lo que supone un retroceso con respecto a los avances propuestos durante la Revolución francesa, pues deja de nuevo a las mujeres bajo la patria potestad del padre o del marido.

1816 **Juana Azurduy** asalta el cerro de Potosí en una de las batallas más importantes para conseguir la emancipación del virreinato del Río de la Plata —entidad territorial establecida por España en Latinoamérica con capital en Buenos Aires— y alcanza el grado de coronel. Conseguida la independencia del virreinato, la suerte de Azurduy será peor que la de su tierra: su marido, también militar, muere en acto de guerra y ella termina sus días en la indigencia.

1817 **Policarpa Salavarrieta**, joven costurera colombiana de clase media y eficaz espía contra los españoles, es detenida y fusilada en la plaza mayor de Bogotá. Al enfrentarse al pelotón exclamó: «Ved que, aunque mujer y joven, me sobra valor para sufrir la muerte y mil muertes más. No olvidéis este ejemplo».

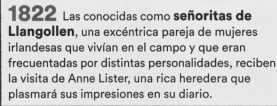

1822 Las conocidas como **señoritas de Llangollen**, una excéntrica pareja de mujeres irlandesas que vivían en el campo y que eran frecuentadas por distintas personalidades, reciben la visita de Anne Lister, una rica heredera que plasmará sus impresiones en su diario.

1834 Con una piel clara que delata su origen mestizo, viene al mundo la afroamericana **Margaret Garner**, condenada desde su nacimiento a la esclavitud, en la plantación de Maplewood, en Kentucky.

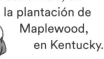

1818 **Mary Shelley**, hija de la feminista inglesa Mary Wollstonecraft, publica *Frankenstein* o *El moderno Prometeo*, considerada la primera novela de ciencia ficción. Shelley se inspiró para su argumento en el estudioso del siglo XVIII Erasmus Darwin, que había teorizado sobre el uso del galvanismo para reanimar la carne muerta.

1818 Con la llegada del nuevo monarca se instaura un sistema de reclutamiento de mujeres para el ejército de amazonas del **reino de Dahomey** (actual República de Benín, África occidental).

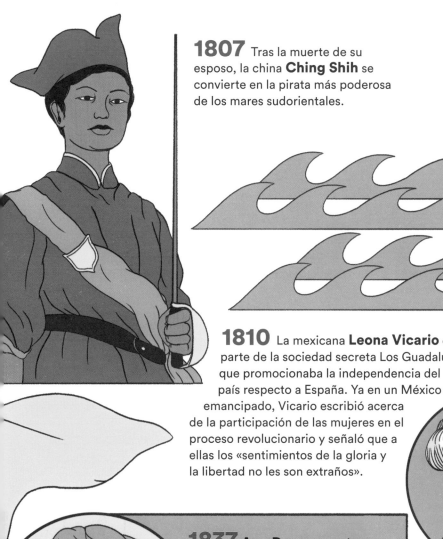

1807 Tras la muerte de su esposo, la china **Ching Shih** se convierte en la pirata más poderosa de los mares sudorientales.

1810 La mexicana **Leona Vicario** entra a formar parte de la sociedad secreta Los Guadalupes, que promocionaba la independencia del país respecto a España. Ya en un México emancipado, Vicario escribió acerca de la participación de las mujeres en el proceso revolucionario y señaló que a ellas los «sentimientos de la gloria y la libertad no les son extraños».

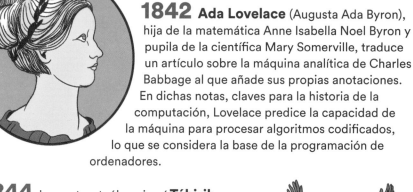

1842 **Ada Lovelace** (Augusta Ada Byron), hija de la matemática Anne Isabella Noel Byron y pupila de la científica Mary Somerville, traduce un artículo sobre la máquina analítica de Charles Babbage al que añade sus propias anotaciones. En dichas notas, claves para la historia de la computación, Lovelace predice la capacidad de la máquina para procesar algoritmos codificados, lo que se considera la base de la programación de ordenadores.

1837 **Ang Doung**, rey de Camboya, impone el *Cbpab Srei* («El código de conducta para mujeres»), en el que establece que estas han de mostrar siempre respeto al marido, incluso en caso de sufrir violencia: no deben levantar la voz, ni reír sin extremo recato, ni tan siquiera hacer ruido con el roce de su vestido.

1844 La poeta y teóloga iraní **Táhirih** es una de las figuras más importantes del movimiento místico del babismo, vinculado con el islam. Desde esta posición trabaja por la igualdad, imparte clases a hombres y a mujeres y aparece sin velo en alguna de sus predicaciones. Esta importante líder espiritual, que rechazará el matrimonio del rey de Irán, sufrirá persecución familiar y gubernamental durante la represión del babismo, y en 1852 será condenada a muerte.

1838 A pesar de la persecución a la que la somete su marido, **Flora Tristán**, feminista francesa de raíces peruanas, publica *Peregrinaciones de una paria*, que se convierte en un inesperado éxito.

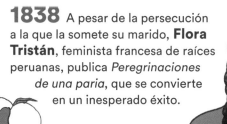

1848 La sueca **Sophie Sager** se convierte en una celebridad nacional al atreverse, en contra de las prácticas habituales de la época, a denunciar a su violador, un hombre al que alquilaba una habitación y contra el que se defiende tras ser atacada y herida.

1850

De 1800 a 1850

Ching Shih, reina de los mares

En Cantón (sur de China) nace, en torno a 1785, Ching Shih. Tras una adolescencia trufada de pillerías y de robos, la joven se convierte en prostituta en un burdel visitado por piratas y comerciantes. Allí es donde conoce a Zheng Yi, un poderoso pirata con el que contrae matrimonio y del que pasa a el su brazo derecho. El talento de Shih para la estrategia y para las relaciones públicas transforma la flota de su marido en la más poderosa de la China meridional, al lograr que fuerzas competidoras se unieran bajo su mando y al conseguir reunir más de mil ochocientas embarcaciones. A la edad de veintiún años, un tifón deja viuda a Shih, quien, lejos de abandonar su flota, se afianza como su máxima autoridad; además, crea una gran red de espionaje y de extorsión, lo que le permite amasar una enorme fortuna. Todo aquel que deseara atravesar sus dominios marítimos debía pagar un peaje y ejecutaba a aquellos que trataran de confabular contra ella. Sin conformarse con su propio imperio, Shih conquistó terrenos al emperador de China, que contrató a buques británicos, portugueses y holandeses para tratar de detener su invasión. Estos no solo no cumplían su objetivo, sino que dejaban sus embarcaciones al servicio de Shih, lo que aumentaba todavía más su poder. Al final, la pirata firmó un acuerdo con el emperador y se retiró el resto de sus días, con el fin de gozar de su inmenso botín y de una afamada reputación como dueña de los Mares del Sur.

El reino de las Amazonas africanas

Celebradas como las guerreras más feroces del África precolonial, la historia de las amazonas del reino de Dahomey se formaliza en 1818 cuando el rey Gezo, impresionado por su lealtad y acuciado por la falta de hombres provocada tanto por los continuos raptos de esclavos como por las guerras, las convierte en un cuerpo militar. La historia de este batallón se pierde en la noche de los tiempos y se especula con que, quizá, pudieran haber sido antiguas cazadoras de elefantes. Fueron llamadas «amazonas» por los viajeros occidentales y *ahosi*, «mujeres del rey», por sus convecinos, al ser consideradas, de manera metafórica, esposas del monarca, lo que las convertía, dado su carácter de intocables, en una especie de ejército de mujeres célibes. Reclutadas entre las concubinas reales menos requeridas o entre las clases populares, incluso como castigo por crímenes cometidos o por adulterio, se transformaron en una fuerza de choque que llegó a alcanzar las cinco mil guerreras en 1845, es decir, un tercio del ejército. En su época de mayor esplendor tenían sus propias sirvientas, que portaban sus armas o sus municiones y que incluso podían ofrecerles servicios más íntimos, según autoras como Audre Lorde. Su ferocidad, sin embargo, no logró frenar los embates colonialistas: Dahomey, un pueblo guerrero que se dedicaba a la conquista de territorios y que generaba multitud de esclavos, fue objetivo de la codicia francesa, que acabó con el imperio y con todas sus ramas militares. De estas guerreras perviven sus danzas y sus trajes, adaptados en la película *Black Panther* (2018).

Margaret Garner: la búsqueda de una vida digna

Antes de la guerra de Secesión, que sellaría el fin del sistema esclavista, cientos de niños y de niñas mulatos nacían en las plantaciones de algodón del sur estadounidense. Sus rostros delataban las infidelidades de los capataces y terratenientes con las esclavas, y con frecuencia eran vendidos con el fin de evitar inconveniencias a las familias blancas. Margaret Garner, hija de la violencia sexual de un señor hacia una de sus esclavas, también engendró después a los hijos de sus amos, los hermanos Gaines. Tras haber dado a luz a varios hijos, fruto de las violaciones, Garner huyó a través del río Ohio, que se encontraba congelado debido a un durísimo invierno, y llegó hasta Cincinnatti, donde residía su tío, un esclavo ya emancipado. Pese a los propósitos de Garner de alcanzar la libertad junto con su familia, los cazadores de esclavos frustraron todos sus planes. Ante la expectativa de tener que regresar a la esclavitud, a los trabajos forzados y a las continuas violaciones, Garner asesinó a una de sus hijas, de dos años, e intentó matar a sus otros dos vástagos y, después, suicidarse, algo que los alguaciles de la cárcel donde estaba confinada impidieron. Su juicio puso de manifiesto los abusos a los que se sometía a las esclavas. Lucy Stone, figura central del abolicionismo y del sufragismo estadounidenses, abogó en favor de Garner, que fue, sin embargo, devuelta a la plantación de Maplewood, en Kentucky, y murió esclavizada. Su historia fue adaptada por Toni Morrison en su obra *Beloved* (1987).

Flora Tristán: éxito en medio de la tormenta

Tras una primera infancia acomodada y rodeada de lujos en París, la futura escritora Flora Tristán perdió a su padre, un aristócrata peruano, a la edad de cinco años. El hecho de que el matrimonio de sus progenitores no hubiera sido reconocido legalmente en Francia impidió que pudiera heredar los bienes de su padre, lo que la obligó a vivir enfrentada a grandes dificultades. Buscando algo de estabilidad económica, encontró trabajo a los quince años como obrera colorista en el taller de grabado de André Chazal, con quien se acabó desposando. El matrimonio solo le trajo maltrato y abusos, que también se extendieron a la hija de ambos. Huyendo de su insufrible hogar y decidida a recuperar la dignidad tanto para ella como para su hija, Flora Tristán emprende un periplo por Perú para requerir la ayuda de su familia paterna. A su regreso, ya en 1838, la crónica de su viaje se publica con el título *Peregrinaciones de una paria*, como ella se llamaba a sí misma, debido a la situación social y económica en la que se había visto sumida. Plagada de comentarios sociales y fiel relato de su miseria,

que se entremezcla con la de las mujeres y la de los esclavos de Perú, la obra le granjeó un gran éxito y la ira de su exmarido. Este último acabó en la cárcel tras disparar dos tiros contra Flora Tristán en plena calle y dejarla gravemente herida. Convertida ya en periodista, Tristán se acercó al socialismo utópico de Charles Fourier y de Henri de Saint-Simon e inició campañas en favor de la emancipación de la mujer.

El pequeño salón de las señoritas de Llangollen

La división de esferas que se produjo en el siglo XIX —que confinaba a las mujeres al ámbito doméstico y destinaba a los hombres al terreno público— creó un inesperado espacio de libertad para las relaciones lésbicas, que eran vividas tras el biombo de la amistad entre mujeres. La sociedad aceptaba que estas, consideradas seres sentimentales pero no sexuales, pudieran vivir juntas en enlaces duraderos pero informales, que recibieron el nombre de «matrimonios de Boston», expresión que remite a la novela *Las bostonianas*, de Henry James. De este modo, por ejemplo, la pintora Rosa Bonheur convivió con Nathalie Micas, la hija de su patrón, que bendijo esta unión antes de morir. El más famoso de estos «matrimonios» fue el de las señoritas de Llangollen (Eleanor Butler y Sarah Ponsonby), dos excéntricas irlandesas, hijas de terratenientes, que se afincaron en Gales. Su aspecto andrógino, su retiro en el campo y su interés por la lectura y la botánica hicieron una atracción nacional de su residencia, en la que recibían visitas, y se convirtieron en un objetivo habitual de la prensa. Una de sus visitantes, en 1822, fue Anne Lister de Yorkshire, una mujer culta y acomodada que recibía el apodo de Caballero Jack. Lister fue una prolífica diarista y reflejó en diversos tomos numerosos detalles de su vida: los más íntimos, sin embargo, fueron escritos en un código secreto. Ya en 1980, el desencriptado de estos levantó un gran revuelo por la explícita forma de hablar de su deseo lésbico.

1851 La filósofa feminista **Harriet Taylor** publica en julio de ese año con el nombre de su esposo —el filósofo Stuart Hill— su ensayo *Enfranchisement of Women*, en el que expone la necesidad de que las mujeres casadas conserven su trabajo para asegurar su autonomía. Junto a él escribirá también el alegato feminista *El sometimiento de la mujer* (1869) e influirá en el resto de su obra.

1851 Los cómodos *bloomers*, producto de la reforma feminista del vestido, alcanzan su pico de popularidad en Estados Unidos.

1876 Lakotas, cheyennes y arapahoes se enfrentan al Séptimo Regimiento de Caballería estadounidense en la batalla de Little Big Horn, en el que vencen los nativos. **Buffalo Calf Road Woman**, guerrera cheyenne, fue quien disparó la flecha que hizo caer al líder del ejército invasor, el célebre general Custer.

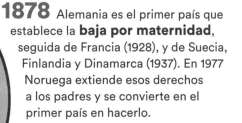

1874 La matemática rusa **Sofia Kovalévskaya** se convierte en la primera mujer que obtiene un doctorado en el sentido actual del término. Su teorema sobre ecuaciones derivadas parciales le hará ganar el prestigioso premio Bordin en 1888, y se la conocerá como la nueva Pascal.

1878 Alemania es el primer país que establece la **baja por maternidad**, seguida de Francia (1928), y de Suecia, Finlandia y Dinamarca (1937). En 1977 Noruega extiende esos derechos a los padres y se convierte en el primer país en hacerlo.

1889 La escritora y periodista peruana **Clorinda Matto** publica su primera novela, *Aves sin nido*.

1887 Las **cigarreras españolas** provocan diversos levantamientos contra la mecanización de su espacio de trabajo, que deshumaniza su labor, al dificultar la conversación o los cuidados —muchas cigarreras llevaban a sus hijos a la fábrica— y al imponer horarios estrictos.

1888 **Pandita Ramabai Sarasvati** se convierte en una figura internacional con el libro *Las mujeres indias de casta alta*, en el que denuncia la violencia contra las mujeres en su país.

1853 **Florence Nightingale** revoluciona el ámbito de la enfermería al profesionalizar los cuidados en los campos de batalla de la guerra de Crimea: se mejoran las medidas de higiene y se reduce la mortalidad entre los heridos.

1864 El Parlamento inglés aprueba la **Ley contra las Enfermedades Contagiosas**, con la que se pretende culpabilizar y perseguir a las prostitutas.

1868 A pesar del declive de las mujeres samuráis —las Onna-bugeisha— en el período Edo, **Nakano Takeko** combate en la batalla de Aizu al mando de un grupo de guerreras que después se convertirá en el llamado Ejército Femenino. En un enfrentamiento entre las fuerzas partidarias del shogunato y las imperiales, será alcanzada por un disparo, por lo que pedirá a su hermana que la asista en un suicidio de honor. Tras ser decapitada por su propia hermana, su cabeza será enterrada en Hōkaiji.

1871 La poeta y educadora **Louise Michel** exhorta a las mujeres de París a organizarse, levantar barricadas y quemar edificios en la insurrección socialista de la Comuna (marzo-mayo de 1871), en la que se reivindican derechos como el divorcio o la igualdad salarial.

1892 La reivindicación de los derechos de las mujeres comienza a inundar la agenda social de Egipto.

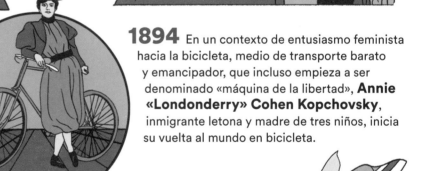

1894 En un contexto de entusiasmo feminista hacia la bicicleta, medio de transporte barato y emancipador, que incluso empieza a ser denominado «máquina de la libertad», **Annie «Londonderry» Cohen Kopchovsky**, inmigrante letona y madre de tres niños, inicia su vuelta al mundo en bicicleta.

1895 **Bibi Khanoom Astarabadi** publica el libro *Ma'ayeb al-Rejal*, que ha sido considerado la primera declaración de derechos de las mujeres del Irán moderno. La causa principal de Khanoom era la de abrir la educación de calidad a las niñas, para lo que, en 1907 fundó una escuela femenina en su propia casa.

1892 La activista afroamericana **Ida Bell Wells-Barnett** denuncia los linchamientos del sur mediante una serie de artículos.

1896 La médium y líder espiritual **Mbuya Nehanda**, de los shona de Zimbabue, exhorta a su tribu a hacer la guerra contra los colonos ingleses, que comienzan a exigir a los nativos el pago de impuestos y a gestar un sistema esclavista.

1899

De 1850 a 1900

Contagios y grietas en la sexualidad victoriana

Una de las campañas feministas más famosas de la Europa de finales del siglo XIX fue la de la abolición de la Ley contra las Enfermedades Contagiosas que se implantó en Inglaterra en 1864. Esta iniciativa que, en realidad, buscaba dar carta blanca al acoso contra las prostitutas, a las que se les exigían brutales reconocimientos físicos para poder ejercer, puso muy en claro la doble moral sexual de la época victoriana, que dejaba a los clientes sin ningún tipo de condena. Encabezada por Josephine Butler, la campaña acusó a la falta de recursos como origen de la prostitución y habló de la necesidad de educar sexualmente a los hombres. También fue importante por cómo abría otra grieta en los discursos victorianos sobre la autonomía sexual de las mujeres, reivindicada por sufragistas como Elizabeth Wolstenholme-Elmy, que escribió contra la violación marital. Estas iniciativas demostraban que, junto con el sufragismo, se multiplicaban los discursos femeninos sobre sexualidad: desde los de las socialistas utópicas, que experimentaban con el amor libre, hasta los de puritanas como Christabel Pankhurst, que proponía huelgas sexuales con el grito: «¡Votos para las mujeres y celibato para los hombres!».

Bloomers: las sufragistas se calzan los pantalones

La reforma feminista del vestido que triunfó en el Estados Unidos de mediados del siglo XIX tenía como finalidad aligerar la aparatosa e incómoda moda femenina de la época. Su pieza clave eran unos bombachos turcos que permitían una mayor libertad de movimiento, los *bloomers*. El nombre proviene de su máxima difusora, Amelia Bloomer. En uno de los primeros periódicos feministas de la historia, *The Lily* (1849-1853), Bloomer promovió esta nueva moda, que saltó de los salones privados a la calle. El vestido, adoptado por las principales protagonistas del sufragismo, como Susan B. Anthony y Elizabeth Cady

Stanton, llegó a recibir el nombre de *freedom dress* y fue objeto de múltiples bromas por parte de la prensa. La moda declinó por cuestiones históricas y por determinados cambios que se produjeron dentro del sufragismo, como el deseo de priorizar la obtención del voto por medio de una imagen que proyectara cierta respetabilidad social.

La voz contra la violencia racial

El trabajo de Ida B. Wells-Barnett, figura indispensable de la lucha antirracista tras la guerra de Secesión estadounidense, se centró en combatir los linchamientos de afroamericanos en el sur. En este sentido, Wells-Barnett es recordada por un artículo en el que describía el linchamiento de un amigo que había abierto una frutería y al que unos tenderos blancos vieron como una amenaza. El texto afirmaba que la agresividad de los blancos hacia el tendero negro estaba motivada por la competencia económica y no, como estos pretendían hacer creer, por un acto de violencia sexual del que le acusaban. El artículo provocó que el periódico, propiedad de Wells-Barnett, fuera asaltado, pero esta no era la primera vez que sufría las consecuencias de su activismo. Previamente había sido despedida de su puesto como profesora tras demandar a una compañía ferroviaria porobligarla a ceder su asiento a una blanca y por denunciar la segregación en las escuelas. Tras emigrar al norte, Wells-Barnett continuó investigando los más de diez mil linchamientos sufridos por esclavos emancipados tras la guerra, además de denunciar la falta de presencia negra en la Exposición Universal de Chicago (1893). En esta última puso en evidencia a cierto sector del sufragismo, pues se negó a permanecer en la cola del desfile de la Asociación Nacional de Mujeres Sufragistas en Washington para no agraviar a la delegación sureña. Cofundadora de la National Association for the Advancement of Colored People (NAACP), fue una voz esencial a la hora de documentar los intentos de la población blanca de limitar los derechos de los afroamericanos tras la abolición de la esclavitud.

Inicios del feminismo* egipcio

En 1892, la editora siria Hind Nawfal funda la revista *Al-Fatah* («La Muchacha»). Con ella se inaugura la prensa femenina en el mundo árabe y un nuevo foro en el que las mujeres podrán difundir sus reflexiones. Según Nawfal, su intención era «adornar las páginas de la revista con perlas de escritura femenina», así como dar protagonismo a las mujeres. El mismo año, la activista Zainab al-Fawwaz denuncia en la revista *Al-Nil*: «No hemos visto ningún código legislativo de ordenación divina, ni ninguna ley en el corpus religioso islámico, que prohíba a las mujeres implicarse en las mismas tareas que los hombres». Este feminismo emergente debe contextualizarse en el marco del islamismo moderno formulado por Muhammad Abduh, un profesor e intelectual de la Universidad de Al-Azhar que propuso que los creyentes pudieran acudir de manera directa a las fuentes religiosas con el fin de interpretarlas de forma independiente, lo que hacía compatible ser religioso con ser «moderno». Además, Abduh condenó los abusos patriarcales cometidos en nombre del islam, en particular en lo que respecta al divorcio y a la poligamia. Esta tendencia a apoyarse en la reinterpretación de las Escrituras para proponer avances en la igualdad se convertirá en la base del feminismo islámico moderno, que no reniega de la religión, sino de la interpretación machista de esta llevada a cabo históricamente por los hombres en su propio beneficio.

La Iglesia contra Clorinda Matto

Aves sin nido (1889), primera novela de la peruana Clorinda Matto, alcanzará un gran éxito. En ella se narra la historia de amor entre una mujer mestiza y un hombre blanco que descubren que son hermanos e hijos del mismo sacerdote lascivo. La obra, que subraya la hipocresía y el carácter inmoral de las conductas sexuales del clero de la época, provocará una violenta reacción por parte de la Iglesia, que excomulgará a Matto e instigará durante años acciones en contra de ella, como el incendio de su vivienda por parte de una enfurecida turba. Matto fue una de las primeras mujeres ilustradas de Perú, parte de un pequeño grupo —junto con Elvira García y García, Lastenia Larriva de Llona y Mercedes Cabello de Carbonera, entre otras— que trabajó para mejorar la educación de las mujeres y organizó tertulias, editó revistas y promovió el establecimiento de escuelas para niñas. Además, Matto es recordada como una defensora de la humanidad y la dignidad de los nativos de Cuzco, con una visión positiva de estos —muy poco común en la época entre los blancos— y con gran interés por concienciar por medio de su literatura.

Pandita Ramabai, enseñanza en rebeldía

La india Pandita Ramabai, a pesar de pertenecer a una casta superior, sufrió el rechazo social debido a la actividad de su familia, que convirtió su hogar en un centro de enseñanza de textos sagrados a las mujeres, actividad ilegal en el momento. Tras quedar huérfana en una hambruna, Ramabai cruzó la India y se instaló como una afamada profesora de sánscrito en Calcuta. Sin embargo, tras desposarse con un hombre de casta inferior, enviudó y quedó desamparada. Esta nueva situación hizo que redoblara sus esfuerzos: fundó escuelas y se convirtió en una figura internacional con la publicación de *Las mujeres indias de casta alta* (1888), en el que describía la violencia sufrida por las mujeres indias. Como ejemplo señaló los infanticidios de niñas: el censo de la ciudad de Umritsar revelaba que, solo en 1870, trescientas recién nacidas habían muerto atacadas por los lobos, un fenómeno casi imposible que evidenciaba que existía una intencionalidad por parte de los padres. Figura incómoda, Ramabai se convirtió al cristianismo y dirigió proyectos propios en vez de integrarse en iniciativas occidentales.

---

* La palabra «feminismo» es de origen europeo y se emplea en este texto por motivos prácticos, para hacer referencia al conjunto de intereses e iniciativas en torno a la mejora de la situación de las mujeres.

La declaración de sentimientos de Seneca Falls

Un 12 de junio de 1840, dos mujeres, Elizabeth Cady Stanton y Lucretia Mott, hablaban enfurecidas en el vestíbulo del londinense Exeter Hall, en cuyo auditorio se celebraba la convención mundial antiesclavista. Ambas tenían mucho en común: eran estadounidenses y habían participado de forma activa en la lucha por la abolición de la esclavitud, de la que posteriormente tomarán muchos métodos y discursos.

Mott, madre de seis hijos, era una cuáquera* liberal, líder del movimiento abolicionista nacional desde que este se abrió a las mujeres y capaz de recitar fragmentos enteros de la obra de la feminista Mary Wollstonecraft. De boca de Mott, Stanton escuchaba por primera vez las palabras de Wollsto-

necraft de *Vindicación de los derechos de la mujer*, que encendían aún más su enojo ante el dictamen de la convención: las mujeres podían acceder al auditorio, pero solo para escuchar detrás de una cortina. Ante tal atropello, ambas decidieron emprender sus propias acciones: celebrar una convención en favor de los derechos de la mujer cuando volvieran a Estados Unidos.

Entre este momento y la convención, que se celebró en 1848, pasaron muchas cosas: Elizabeth Cady Stanton se trasladó al pueblo neoyorquino de Seneca Falls, donde, aburrida de la vida provinciana y quemada de la vida doméstica, multiplicó su correspondencia con otras activistas. El 13 de julio de 1848, un tanto quemada por su vida doméstica,

* Cuáqueros: rama radical del protestantismo que abogaba por el contacto directo con Dios y que, perseguida en Europa, creció en Estados Unidos. Su sección más liberal defendía un trato más igualitario de la mujer.

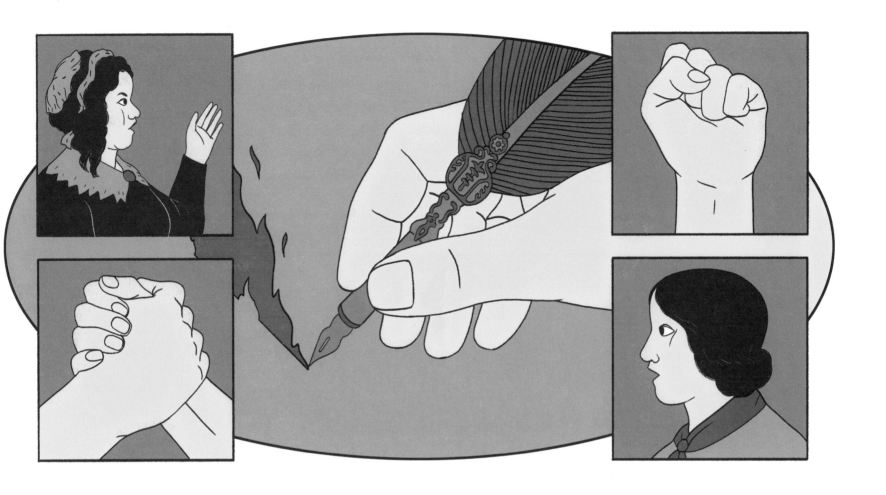

se volvió a encontrar con Mott en casa de una amiga cuáquera, Jane C. Hunt, y en la mesa de su cocina decidieron acelerar un plan postergado durante años: la primera reunión feminista de Estados Unidos.

Entre las trescientas personas que acudieron a esa primera reunión, Charlotte Woodward, una joven fabricante de guantes, viajó en carruaje sesenta kilómetros para asistir a la apertura. Esta estuvo presidida por el marido de Stanton, pues se juzgó impropio que lo hiciera una dama. El grueso de la reunión, que se alargó dos jornadas, estuvo centrado en la redacción de la *Declaración de sentimientos y resoluciones de Seneca Falls*, que, basada en la *Declaración de Independencia de Estados Unidos*, sentaría las bases de la lucha en las décadas siguientes al pedir la igualdad en el matrimonio y en los salarios, la posibilidad de representarse legalmente, el derecho a ser elegidas para un puesto público y el derecho al voto. Esta última resolución se aprobó por los pelos, apoyada por el antiguo esclavo y activista en favor de la abolición: Frederick Douglass. La declaración fue firmada por cien personas, sesenta y ocho de ellas mujeres.

Durante las décadas siguientes, la emancipación de los esclavos y la de las mujeres siguieron en Estados Unidos caminos paralelos. Sin embargo, los debates alrededor de la decimoquinta enmienda (1870) —que permitirá el voto a los hombres afroamericanos, pero no a las mujeres— crearán una enorme brecha dentro y fuera del sufragismo. La convención de Seneca Falls constituirá un hito, no solo porque la prensa la convirtió en un referente para los miles de mujeres estadounidenses que llevaban años luchando por sus derechos, sino porque, a escala internacional, ofreció una fecha exacta para el nacimiento de las luchas sufragistas.

Sati: el suicidio ritual de las viudas indias

En el contexto de una sociedad patriarcal, una mujer sola supone una amenaza que necesita regularse. De ahí que, cuando una mujer enviuda, se ponga en marcha un proceso de renegociación social mediante distintos ritos relacionados con el honor, con la herencia y con la descendencia. Aunque estos varían en función de la cultura que los establece, muchos de estos rituales tienen en común el aislamiento físico o simbólico y distintas prácticas que se mueven entre la ascesis y la vejación.

En el caso de la India, la viudez femenina comportaba una lista de experiencias negativas: a las mujeres se las hacía responsables de su viudedad, eran recluidas en sus casas y sufrían restricciones tanto de indumentaria como de alimentación, lo que se traducía en una auténtica muerte social. Para evitarla, las viudas podían recurrir al suicidio ritual —el *sati*—, que durante los siglos XVIII y XIX se multiplicó.

El *sati* es la tradición por la que una viuda india comparte la pira funeraria de su esposo, con el propósito de purificar los pecados de este y de verse recompensada con una vida celestial junto al amado. Este ritual está relacionado con los conceptos de «pureza» y de «fidelidad» femeninas y tiene unos oscuros orígenes. Los primeros ejemplos del *sati* provienen del siglo IV y, tras un parón de un par de siglos, este aparece vinculado con la casta de los guerreros (los *rajput kṣatriyas*). Aunque podría guardar relación con algún pasaje religioso, lo más probable es que tenga raíces históricas en la costumbre guerrera del *jauhar*, con la que las reinas se inmolaban de forma colectiva con el fin de eludir ser objeto de violación y pillaje. El *sati* pervivió a lo largo de los siglos debido a que se asociaba a la casta superior de los guerreros y porque con él se eliminaba un elemento externo que podría hacerse con la fortuna del patriarca: su viuda. Impedir que la fortuna paterna se dispersara resultó clave para que el sacrificio ritual en la India se mantuviera.

Durante los primeros años del siglo XIX se asistió a una explosión de casos de suicidio ritual que afectó a mujeres de diferentes castas. Una proliferación que se explica por el hecho de que los derechos de herencia se habían extendido a las mujeres en zonas como Bengala. Los ingleses, que llevaban controlando la India durante décadas, regularon la costumbre y vetaron su práctica a las menores de edad y a las embarazadas; finalmente, en 1829, bajo el liderazgo de Ram Mohan Roy —padre de la India moderna, que perdió a una hermana a causa del *sati*—, se prohibió.

En el *sati*, la viuda comparte pira funeraria con su esposo para purificar los pecados de este y verse recompensada con una vida celestial junto a él.

Desde entonces, las feministas indias trabajan para que no se glorifique a las mujeres que se sometían al *sati* con el fin de eliminar la pervivencia de esta costumbre, que, desde la independencia del país, en 1947, ha provocado unas cuarenta muertes. En 1987, una viuda de dieciocho años se inmoló tras haber estado casada solo ocho meses y, según investigaciones realizadas a posteriori, resulta probable que el acto no fuera realizado de manera consentida (el libre albedrío era la excusa que, durante siglos, habían mantenido los valedores de esta costumbre). Pese a que parece ya olvidada, esta práctica suele resurgir de forma puntual: en 2008, se produjo el último caso conocido, cuando una viuda de setenta y cinco años se suicidó en el distrito de Raipur mediante el *sati*.

Del antiesclavismo al sufragismo:
la lucha de Sojourner Truth y Harriet Tubman

Despierta el siglo XIX y, como esperanzadoras suturas sobre la piel estadounidense, se extienden las rutas clandestinas que comunican los estados esclavistas del sur con la zona abolicionista del norte. Quienes se referían a esta red de rutas, destinada a la huida de afrodescendientes esclavizados, lo hacían mediante un código: los «conductores» eran quienes guiaban a los fugitivos; las «estaciones», los lugares en los que podían refugiarse, y los «pasajeros», las personas que huían del sur, muchas de las cuales colaboraron después con la red, denominada «ferrocarril subterráneo». Entre ellas, dos nombres pasaron a la historia: Sojourner Truth (1797-1883) y Harriet Tubman (1820-1913).

Ambas emplearon el «ferrocarril» para escapar a su destino de esclavas. Truth, nacida en el estado de Nueva York y subastada de niña, acabó en casa de John Dumont, un blanco que se encaprichó de ella y cuya mujer la acosaba constantemente. Truth tuvo cinco hijos, uno de ellos fruto de los abusos del dueño de la casa. En 1826 huyó de la granja, y cuando las leyes prohibieron la esclavitud en el estado de Nueva York, Truth se convirtió en la primera mujer negra en vencer en los tribunales a un hombre blanco: el juez decidió que su hijo —vendido de forma ilegal por Dumont a un propietario de Alabama, donde la esclavitud seguía vigente— debía ser liberado. Truth se dedicó desde entonces al activismo y fue una pionera del sufragismo estadounidense. En 1851 —diez años antes de la abolición de la esclavitud en todo el territorio de Estados Unidos—, en la Convención de los Derechos de la Mujer en Ohio, Truth pronun-

ció su célebre discurso «¿Acaso no soy una mujer?», una de las primeras muestras de feminismo negro y de reflexión interseccional de las que tenemos constancia.

Cuando Truth pronunció su discurso, hacía poco que otra mujer negra de gran relevancia había huido hacia la libertad: Harriet Tubman. Esta vio cómo su madre se resistía a la venta de sus hijos y amenazaba a sus patronos, lo que inculcó en ella las ansias de rebelión. En 1850, gracias al «ferrocarril», huyó hasta Pensilvania: un camino de 150 kilómetros que debía hacerse de noche con el fin de evitar a los cazadores de esclavos y durante el que se ocultó en pantanos y en bosques. Lejos de permanecer en el norte, cada vez más tenso por la ley que obligaba a todo estado a colaborar en la captura de es-

clavos fugitivos para su devolución, Tubman se convirtió en una infalible «conductora del ferrocarril» consiguió guiar a innumerables grupos de esclavos hasta Canadá. Como sucedió en la Jamaica del siglo XVIII, cuando los fugitivos africanos formaron sus propios asentamientos, en Ontario comenzaban a gestarse comunidades negras llegadas de Estados Unidos.

Cuando estalló la guerra de Secesión, Truth y Tubman colaboraron reclutando soldados para los unionistas, y Tubman llegó a participar en la operación Combahee River, que liberó a cientos de personas esclavizadas. Tras la caída de los confederados en 1865, ambas siguieron luchando por los derechos de las personas negras y se sumaron, además, a la causa feminista.

Toshiko Kishida: doncellas guardadas en cajas

La terrible erupción del volcán Krakatoa de 1883 alteró de forma drástica la temperatura de medio mundo. En la ciudad japonesa de Otsu, grandes tormentas azotaron la zona desde inicios del verano. El mal clima, sin embargo, no detuvo a las seiscientas personas que se arremolinaron ante la puerta del teatro local para escuchar a Toshiko Kishida, que contaba entonces con solo veinte años. Toshiko Khisida, que llegaba azotada por el viento, no era una mujer cualquiera: a su excelente oratoria se unía la valentía de ser una de las primeras conferenciantes públicas de Japón y una de las pocas plebeyas que había podido trabajar en la corte.

Nacida en 1863, en el seno de una familia de comerciantes acomodados, destacó por su amplia educación y fue requerida por la emperatriz Shōken para dirigir su formación en literatura japonesa. Convertida en dama de compañía, vivió dos años en la torre de marfil cortesana, atrapada en sus rígidas convenciones y formando parte de la red de concubinas del emperador Meiji. En 1882, algo asfixiada por el ambiente de la corte, alegó una enfermedad, lo que le permitió abandonar su puesto e iniciar con su madre una serie de viajes por todo el país. Durante este periplo entró en contacto con representantes del Movimiento de Derechos Populares, que había surgido en la década de 1870 y que trabajaba por la democratización de Japón y por el derecho al voto masculino.

Con la implicación de Toshiko Khisida, el movimiento comenzó a interesarse también por los derechos de las mujeres. Así, a pesar de que la activista nunca hizo un llamamiento directo en favor del sufragio femenino, todo su pensamiento político pasaba por mejorar la situación de las mujeres con el fin de construir un país mejor: «La exclusión de las mujeres de la construcción nacional resulta algo irracional», afirmaba.

Toshiko Khisida llegaba a Otsu con fama de ser una agitadora que encendía a las multitudes, y en la cola del teatro, bajo las primeras gotas, se narraban sus hazañas. Una decía: «En Tokushima la policía intentó acallarla, pero el público lo impidió y ella continuó con su discurso entre vítores», y otro le respondía: «En Hitoyoshi, un hombre fingió que le dolía la barriga para no compartir escenario con ella, y cuando Toshiko Kishida subió, lo imitó y todo el público rompió a reír». Aquella tarde, en el encuentro patrocinado por el Partido Liberal, Toshiko Khisida tenía preparado uno de sus alegatos más poderosos: «Doncellas en cajas».

Tomando prestada esa expresión popular de la zona de Kioto sobre las jóvenes sobreprotegidas, Toshiko Khisida señalaba el aislamiento que muchas mujeres vivían, debido a la educación paterna, al hecho de ser vigiladas por «sirvientes inútiles» y al tutelaje de los maridos. A partir de esta premisa, abogaba por una mejor educación de las mujeres y por un mayor protagonismo de estas en la modernización del país. Una vez acabado su discurso, y mientras el sonido de los truenos se mezclaba con los aplausos, Toshiko Khisida fue detenida por la policía: para las autoridades locales quedaba claro que aquel era un alegato político, en el que las doncellas representaban al pueblo de Japón; los padres, a los emperadores, y los «sirvientes inútiles», a la policía.

La estancia de Toshiko Khisida en la cárcel tras la alocución de Otsu significó un punto de inflexión para ella: se retiró de la oratoria e inició su carrera como periodista, posición desde la que relató su acercamiento al cristianismo, con el que compartía la lucha contra el concubinato. Años más tarde, las leyes sobre la participación pública se endurecieron y voces como las de Toshiko Kishida se apagaron, no sin antes haber plantado una semilla: Hideko Fukuda, inspirada por sus discursos, fundaría una de las primeras publicaciones feministas de Japón.

SIGLO

XX

1900 La bailaría estadounidense **Loïe Fuller** abre su propio teatro en la Exposición Universal de París. Sus danzas resumen a la perfección el clima cultural de principios del siglo XX: entre el *art nouveau* y el simbolismo, entre la técnica industrial —patentó distintos sistemas de iluminación— y la abstracción.

1900 **Yaa Asantewaa**, reina madre del Imperio ashanti (Ghana), levanta a su pueblo contra los invasores ingleses. Aunque los ashanti triunfan manteniendo cierto autogobierno, su reina morirá en el exilio.

1903 **Hellen Keller** publica *La historia de mi vida*, en la que cuenta cómo, con la ayuda de Anne Sullivan, supera el aislamiento en el que vivía debido a ser sorda y ciega. Convertida en activista y defensora de las personas ciegas, Keller abrazó también causas como el socialismo o el sufragismo.

1902 Como reflejo de la preocupación por la educación de las niñas de principios del siglo XX, la pedagoga **Eugenie Schwarzwald** funda una moderna escuela femenina en Viena. A fin de convertirla en un centro de calidad, contará con importantes artistas y científicos para la formación de las alumnas.

1903 **Mary Harris Jones** —Mother Jones para los mineros— alcanza uno de los puntos culminantes de su carrera como sindicalista obrera al organizar una marcha de niños trabajadores hasta la casa del presidente Theodore Roosevelt, exigiendo medidas más restrictivas contra el trabajo infantil.

1903 Sufragista y contraria a la experimentación con animales, **Lizzy Lind-af-Hageby** narra en sus memorias de estudiante la vivisección de un perro que no había sido debidamente anestesiado, hecho que se convirtió en un escándalo nacional.

1904 La pareja de artistas **Gerda Fredrikke** y **Lili Elbe** —entonces llamada Einar Wegener— se casan en Copenhague. La amistad que las unió, incluso una vez anulado el matrimonio tras la reasignación de sexo de Lili (la primera del mundo), inspiró la película *La chica danesa* (2015). Las estampas lésbicas de Gerda obtuvieron gran éxito.

1906 **Carmen de Burgos** empieza a trabajar en el *Diario Universal* con su sección «Lecturas para la mujer»; se convierte en la primera periodista española en ser reconocida y defiende asuntos como la legalización del divorcio o el sufragio femenino.

1900 Nacida en Carolina del Norte en el seno de una familia negra esclavizada, **Anna J. Cooper**, pionera especialista en historia afroamericana, imparte en el I Encuentro Panafricano de Londres la conferencia «The Negro Problem in America», tras haber publicado, en 1892, el libro *A Voice from the South. By a Black Woman of the South*, una de las primeras muestras de feminismo negro.

1900 Tras provocar un primer levantamiento, Estados Unidos se anexiona a la fuerza el reino de Hawái y destrona a su primera y única reina, **Lili'uokalani**, hija adoptiva de los monarcas, compositora y promotora de una constitución liberal.

1902 **Annie Minerva Turnbo Malone** revoluciona el mundo de la cosmética para afroamericanos gracias a sus innovadores productos para el cuidado del cabello.

1901 La matemática serbia **Mileva Marić** abandona su carrera dentro de la Politécnica de Zúrich para dedicarse a la maternidad. Anteriormente hizo notables contribuciones, en especial de cálculo, al trabajo de su marido, Albert Einstein, cuyos artículos de 1905 revolucionaron la física moderna.

1907 El mismo año en que va a ser ejecutada, la poeta y activista **Qiū Jin** funda *Zhongguo nü bao* («La Revista de las Mujeres Chinas»), la primera revista feminista china, de la que tan solo se publicarán dos números.

1907 **Alicia Moreau** ingresa en la facultad de Medicina de Buenos Aires y se convierte en parte del primer grupo de mujeres que acceden a dicha formación.

1907 Son aceptados los primeros trece niños en la Casa dei Bambini de Roma, donde **Maria Montessori** aplicará sus métodos de pedagogía científica.

1906 **Alice Guy-Blaché**, la primera persona en dirigir una película de ficción (*La Fée aux choux*, 1896, de gran influencia posterior en Méliès), rueda la crítica *Les Résultats du féminisme*, que muestra cómo sería una sociedad en la que el feminismo hubiera triunfado.

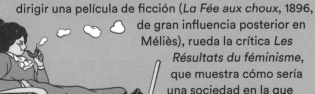

1909 **Malak Hifni Nasif** publica una recopilación de sus charlas y ensayos, centrados en la mejora de los derechos de las mujeres en Egipto, con el nombre de *Al-Nisa'iyyat*.

1910

Década de 1900

Una idea de millones de dólares

De padres esclavizados por una familia blanca de Kentucky, Annie Minerva Turnbo Malone quedó huérfana a una edad muy temprana, motivo por el que se mudaría a Illinois. Durante su formación mostró un gran interés por la química, de la que tuvo que apartarse debido a su salud, que le impidió seguir los cursos con normalidad. Sin embargo, su reclusión en el hogar daría pie a un pasatiempo que acabaría por transformarse en un negocio que la convertiría en multimillonaria: uniendo su afición a la química y su fascinación por el cabello *afro*, Malone desarrolló una línea de productos específicos para el cuidado de este último. Con una gran visión comercial, consiguió hacerse un hueco en los hogares de las mujeres afroamericanas mediante la venta puerta a puerta y las muestras gratuitas. Malone abrió su tienda y lanzó una gran campaña publicitaria en la prensa negra que provocó un aumento de ventas cuyos beneficios le permitieron adquirir un local aún mayor en St. Louis en 1902. Sin embargo, este nuevo establecimiento era mucho más que una tienda y una fábrica de productos para el cabello: albergaba también la escuela Poro (donde gran cantidad de mujeres afroamericanas estudiaban para poder trabajar en centros de estética), oficinas, un auditorio, salas de juntas, comedores, jardín, gimnasio y hasta una capilla. De este modo, el edificio funcionaba también como un centro social y religioso para la comunidad negra.

Avances desde la identidad cultural

Nacida en El Cairo en 1886 en una familia relativamente acomodada, la egipcia Malak Hifni Nasif pretendía que las mujeres pudieran obtener una mejor calidad de vida y cierto nivel de formación sin tener que renunciar a los tradicionales preceptos de modestia y discreción. Mientras las feministas Huda Shaarawi y Nabawiyya Musa aparecían en público sin velo, Hifni consideraba que ir con él puesto constituía parte de una identidad a la que no todas las mujeres querían, ni debían, renunciar. Además, identificaba el hecho de renunciar al velo con una tendencia propia de mujeres de clase alta fascinadas por Europa, un rechazo que debemos contextualizar a su vez dentro del dominio colonial de Egipto. Las principales críticas de Malak Hifni Nasif iban dirigidas al matrimonio concertado con mujeres adolescentes, la poligamia y la práctica inaccesibilidad de las mujeres a la educación. Con una enorme capacidad de observación y de reflexión, Hifni advertía: «Cuidado con los maridos que primero os obligaban a llevar velo y que, de pronto, os empujan a quitároslo para liberaros».

El perro marrón y el sufragismo

Cuando la sufragista Lizzy Lind-af-Hageby publicó sus vivencias de estudiante de Medicina, incluyó un capítulo en el que narraba la muerte sin anestesia de un perro en el University College de Londres frente a un grupo de estudiantes. La crónica de este hecho provocó que su autora fuera llevada a juicio por difamación por el profesor que realizó la vivisección: esta tuvo que retirar el libro, pagar una multa y asumir las elevadas costas del proceso. En aquel momento, el llamado *Brown Dog Affair* figuraba en las páginas de todos los periódicos, había dividido al país y provocó que se iniciaran colectas para sufragar la multa, que se reventaran mítines en favor de las sufragistas y que incluso se erigiera una estatua en recuerdo del animal. Este homenaje no dejó indiferente a nadie y pronto la estatua empezó a sufrir ataques: la violencia fue en aumento hasta que, en diciembre de 1907, mil estudiantes de Medicina se reunieron en Trafalgar Square con antorchas con la intención de derribarla. La estatua fue retirada, entre grandes protestas, en 1910. Se eliminaba así el recuerdo de una de las primeras causas animalistas ligadas con el feminismo y que, a lo largo del siglo XX, dejará obras como *La política sexual de la carne: una teoría crítica feminista vegetariana* (1990), de Carol J. Adams.

Montessori: arcoíris de madera en un siglo lleno de nubes

Maria Montessori, la primera mujer italiana que obtuvo el título de Medicina, tomó contacto con niños con distintas capacidades de aprendizaje al comenzar a trabajar en la Escuela Psiquiátrica Universitaria de Roma. La situación de estos niños, abandonados por el sistema, la llevó a investigar sobre nuevos métodos educativos en el extranjero. Comenzaba así su labor innovadora con un método basado en el juego, en la interacción libre y en el estímulo sensorial. En 1907 abre su primera escuela en un barrio obrero de Roma. Pronto las escuelas que seguían su método se multiplicaron en Italia, en Europa y en Estados Unidos, y sufrieron los vaivenes de unas décadas muy complicadas: Mussolini las apoya en un principio con el fin de manipularlas, pero las termina cerrando. Montessori huye de ese ambiente, recala en la Barcelona anterior a la Guerra Civil española y se convierte en una autoridad internacional. En ese periplo vital encontró compañeras como la hija de la líder sufragista Emmeline Pankhurst, Sylvia, que difundió sus ideas. En un siglo de guerras, Montessori fue pacifista, y, en un mundo machista, habló por los derechos de las mujeres en el trabajo. Para ella el futuro es la infancia y, por tanto, en la educación de niños y niñas nos jugamos mucho.

Qiū Jǐn, poeta revolucionaria

Qiū Jǐn fue una de esas mujeres atrapadas entre las bisagras de un cambio de época: la última gran dinastía china, la de los Qing, se encontraba en decadencia y las revueltas crecían, pero los avances no acababan de llegar, por lo que, para formarse, tuvo que acudir a Japón, donde las niñas sí tenían acceso a la educación —en 1910, el 90 por ciento de las mujeres chinas eran analfabetas, frente al 13 por ciento de las japonesas—. Para realizar el viaje rompió con su matrimonio y abandonó a sus hijos. Una vez allí fundó una revista antitradicionalista, *Baihua Bao*, en la que publicó su «Proclamación respetuosa a los doscientos millones de camaradas mujeres». En ese texto, Jǐn hablaba en primera persona contra los matrimonios concertados, contra el concubinato y contra el vendado de pies, y animaba a las mujeres a recibir una educación. Jǐn, que rompió esquemas gracias a su amor por el deporte, a sus tácticas de lucha armada y a sus trajes masculinos occidentales, volvió a China junto con otros dos mil estudiantes para convertirse en una fuerza de choque contra el antiguo régimen. Icono de la libertad china, fue decapitada en 1907 y hoy es reconocida como una destacada poeta y una mártir de una revolución que, unos años más tarde, acabaría con la dinastía Qing.

Alicia Moreau y la lucha por la dignidad cotidiana

Con una gran conciencia política inculcada desde su infancia por su padre, un socialista francés exiliado, Alicia Moreau será pionera de la lucha feminista y socialista de Argentina, y, con solo veintiún años, fundará el Centro Feminista de Argentina y el Comité Pro-Sufragio Femenino. Aunando su ideología socialista y su especialidad en Ginecología, Moreau abrió, además, un consultorio de atención gratuita a trabajadoras sexuales y a mujeres sin recursos. Siempre movilizada por la causa obrera, impulsó la llamada «huelga de los inquilinos», una protesta contra los elevados alquileres que exigían los «conventillos» —un tipo de vivienda en la que cada familia alquilaba un dormitorio y en la que el comedor y el baño constituían dependencias comunes— y sus condiciones de insalubridad. Durante la huelga las mujeres protagonizaron el papel principal: las madres se enfrentaban a los policías y cientos de ellas recorrieron las calles de La Boca en la llamada «marcha de las escobas», una manifestación que exigía unas mejores condiciones de vida para las familias de la zona. Ya en 1920, Moreau fundó la Unión Feminista Nacional y redactó un proyecto de ley de sufragio femenino que fue rechazado por los senadores conservadores.

Resistir al matrimonio
en el delta del río de las Perlas

En el sur de China, en el centro de la región del Cantón, existe un fecundo delta en el que desemboca el río de las Perlas. Allí, entre finales del siglo XIX y principios del XX, se desarrollaron una importante industria de la seda y un movimiento de resistencia femenina al matrimonio que llegó a formar una comunidad de cien mil mujeres. Las razones de este fenómeno son diversas: la autosuficiencia —el trabajo de la seda permitió la aparición de casas de mujeres solteras— y costumbres locales como la denominada «transferencia tardía de la mujer». El confucionismo, que asignaba jerárquicamente un rol a cada persona y género, precisaba que las mujeres casadas mediante matrimonios concertados se debían someter a la familia del marido y romper con todos sus lazos sociales. Sin embargo, la «transferencia tardía» permitía que las mujeres recién casadas pudieran permanecer entre tres y cinco años con su propia familia —lo que implicaba menores limitaciones—, algo que provocó que en esa zona de China hubiera una gran cantidad de mujeres, solteras o casadas, que vivían de manera independiente.

Las mujeres del delta se rebelaron de varias maneras contra la sumisión a la que debían enfrentarse dentro del matrimonio: retrasando su partida al domicilio conyugal, eludiendo el sexo —ya que el embarazo terminaba con la permanencia en la casa familiar— y hasta proporcionando una segunda esposa a su marido. Estas mujeres llamaban a las familias políticas «capullos de seda» por el modo en que asfixiaban a las mujeres casadas. Muchas de ellas,

tras escapar del matrimonio mediante estos subterfugios, tomaban votos de celibato en una ceremonia pública en la que se las peinaba de un modo ritual y en la que recibían regalos. No pocas de ellas formaron una unión estable con otras solteras por medio de una ceremonia denominada *zishu*, que las convertía en «hermanas por juramento». Con el paso de los años, este fenómeno se vinculó con el grupo La Orquídea Dorada, de carácter semisecreto, que tomaba elementos de las monjas budistas, veneraba a la diosa Guan Yin y justificaba el amor entre mujeres con pretextos religiosos como la reencarnación: una mujer podía estar predestinada a un hombre que se hubiera reencarnado en una mujer.

Los ritos de casamiento entre solteras se fueron haciendo cada vez más complejos. Anuncia-dos incluso en los periódicos, podían incluir una cena de celebración, la entrega de dinero por parte de amigas de la pareja o la asignación de roles como marido-mujer. La posibilidad de que estas uniones pudieran presentar un carácter sentimental y erótico aparece reflejada en canciones y en leyendas.

El colapso de la industria de la seda y la persecución comunista hicieron que muchas de estas parejas de mujeres emigraran a Hong Kong o a Singapur para trabajar como empleadas domésticas. Otras abrieron locales vegetarianos, de los que, en 1955, llegó a haber trescientos cincuenta. En este nuevo contexto de grandes urbes, el fenómeno dejó de ser masivo, pero sus integrantes mantuvieron muchas de sus costumbres.

La gran épica activista: el sufragismo inglés

Todo movimiento social necesita una épica propia, y la historia del sufragismo inglés es uno de los fenómenos más memorables de la lucha de las mujeres en Europa. Como en toda épica, hubo grandes derrotas. En el denominado Black Friday (18 de noviembre de 1910), los mecanismos de represión británicos chocaron de frente contra las trescientas sufragistas reunidas a las puertas de la Cámara de los Comunes, que recriminaban al primer ministro del Partido Liberal, H. H. Asquith, el incumplimiento de su promesa electoral de otorgar el voto a las mujeres. Aquel día, la policía cargó con dureza: las manifestantes fueron arrastradas por las calles y sufrieron violencia sexual. Esta durísima jornada supuso un punto de inflexión para el movimiento.

La manifestación había sido organizada por el grupo sufragista más radical, la Women's Social and Political Union (WSPU), formada en 1903 por Emmeline Pankhurst. En un principio, la WSPU era un pequeño grupo con influencia solo a escala local, pero en las elecciones generales de 1905 empezaron a ser conocidas por interrumpir los mítines al grito de «Votes for Women!», lo que provocó su encarcelamiento y el inicio de una espiral de acciones: manifestaciones multitudinarias y actuaciones coordinadas contra el Parlamento. Convertido en un grupo exclusivamente femenino y alejado de la política institucional, sus estrategias cambiaron a lo largo de los años y su militancia se radicalizó al grito de «Deeds not Words» hasta adoptar una identidad política propia, la de las *suffragettes*, que las distinguía de las *suffragists*, aquellas que optaban por los métodos constitucionales. Sin embargo, podemos considerar esta separación más bien artificial, ya que la militancia no era exclusiva y los grupos constitucionalistas también llevaron a cabo acciones ilegales.

Desde 1905, año en que la WSPU empezó su campaña radical, hasta el inicio de la Primera Guerra Mundial, unas mil mujeres fueron encarceladas por acciones violentas que no incluían el enfrentamiento directo, sino la táctica de una guerrilla centrada en la destrucción de la propiedad pública y privada. Las sufragistas rompieron escaparates en una acción multitudinaria y coordinada en el West End londinense, quemaron y colocaron bombas en edificios vacíos, acuchillaron obras de arte, echaron queroseno en los buzones, cortaron las líneas telegráficas entre Londres y Glasgow y, cuando fueron detenidas por la policía, mostraron su desacato delante de los jueces gritando, cantando o echando harina.

Unas mil mujeres fueron encarceladas por acciones violentas que no incluían el enfrentamiento directo, sino la táctica de una guerrilla centrada en la destrucción de la propiedad.

Todas estas acciones fueron llevadas a cabo por un grupo de militantes que tuvieron que hacer frente a graves pérdidas personales: muchas fueron detenidas y, en 1909, una parte inició una huelga de hambre, lo que llevó al Gobierno a ordenar que se las alimentara a la fuerza. En abril de 1913, esta medida se revocó y se permitió la libertad provisional de las presas. Con el estallido de la Primera Guerra Mundial, las acciones cesaron y al terminar la contienda, en 1918, se consiguió el voto solo para las mujeres propietarias. La estrategia de la WSPU resultó ser un éxito: unió fuerzas, atrajo a las masas y redefinió el papel de la mujer en la política.

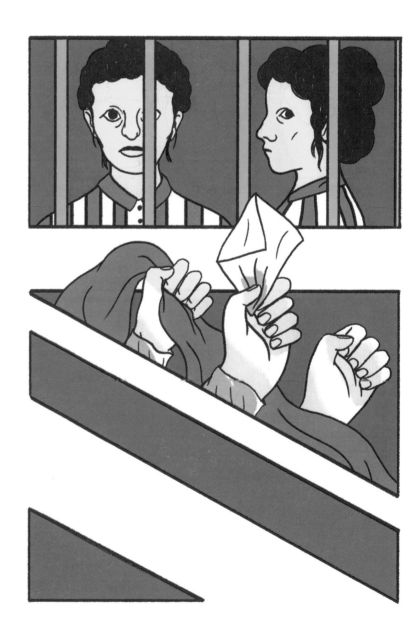

Zitkala-Ša, pájaro rojo, invasores blancos

En la desembocadura del río Missouri, en la frontera entre Dakota del Sur y Nebraska, se levanta la reserva aborigen de Yankton, en la actualidad la segunda más extensa dentro de un solo estado. En este antiguo territorio siux, invadido por los europeos desde 1804, nace en 1876 Zitkala-Ša, traducción, en lengua lakota, de «pájaro rojo». Su padre, de origen alemán, tardó poco en desaparecer y Zitkala-Ša pasó su primera infancia en la tribu de su madre; pudo así hacer suya la tierra verde y llena de ríos de la reserva. Sin embargo, la felicidad de Zitkala-Ša dura poco: no contentos con administrar y cercar la tierra nativa, los blancos se adjudican la misión evangelizadora de la población india. Con solo ocho años, Zitkala-Ša es arrancada de su hogar por un grupo de misioneros que la llevan, junto con otros niños y niñas siux, a una escuela cuáquera en Wabash, Indiana. Allí, entre biblias y labores de costura, se la obliga a abrazar una fe cristiana bastante sobria, basada en la búsqueda personal de la espiritualidad y en la comunicación con Dios. Despojada de su ropa tradicional y de su larga melena, se ve inmersa en un desconcertante proceso de aculturación, en el que trata de aferrarse a los ecos de su vida anterior y, a la vez, se siente atraída por las clases de lectura y por las lecciones de violín.

Después de tres años aprendiendo a convertirse en una joven blanca y cristiana, Zitkala-Ša, rebautizada como Gertrude Simmons, es enviada de regreso a Yankton, pero su deseo de aprender va más allá de la limitada formación recibida en Wabash y pronto decidirá marcharse para estudiar violín en Richmond, Boston y Pensilvania, donde conseguirá un puesto como profesora de música. El director de su escuela, dispuesto a emplear su influencia para convertir el centro en un lugar de reeducación para nativos, la envía a Yankton en un viaje destinado a seleccionar niños indios para su formación. La visita conmociona a Zitkala-Ša: la casa de su madre se halla en ruinas, parte de su familia ha caído en la más absoluta pobreza y los blancos invaden sin contemplaciones el territorio reservado a los nativos.

Rompiendo sus obligaciones con la escuela, Zitkala-Ša comienza a escribir en favor de los derechos siux y, en 1900, publica su primer artículo periodístico, «Impresiones de una niñez india», en el que narra el tremendo trastorno que le supuso su forzosa introducción en el seno de una escuela cuáquera. Además, ya instalada en la reserva de Standing Rock, se encargará de recoger, transcribir y traducir al inglés las leyendas indias de los siux, lo que la convertirá en una gran difusora del folclore de los nativos norteamericanos.

Aunando su faceta como música y su compromiso con la cultura nativa, en la década de 1910 trabajará con el músico William F. Hanson en el libreto y en las canciones de *La danza del sol* (1913), la primera ópera basada en la tradición de los indios siux y ute. En 1926 fundará el Consejo Nacional de los Indios Norteamericanos, destinado a luchar por la conquista de derechos y de la ciudadanía estadounidense para estos. Su legado, tanto en el ámbito jurídico como en el terreno literario, constituye una de las muestras más celebradas de la lucha por la conservación y el reconocimiento de la cultura de los pueblos nativos norteamericanos.

La visita conmociona a Zitkala-Ša: la casa de su madre se halla en ruinas, parte de su familia ha caído en la miseria y los blancos invaden sin pudor el territorio reservado a los indígenas.

1910 Estalla la **Revolución mexicana**, a la que las mujeres se incorporan de forma activa; reciben el nombre de «soldaderas».

TIERRA Y LIBERTAD

1911 Dame Ethel Mary Smyth compone «March of the Women», considerado el himno sufragista. Una de sus ejecuciones más recordadas se produjo cuando lo dirigió con un cepillo de dientes desde una ventana de la prisión de Holloway, en la que estaba confinada por actos vandálicos relacionados con el sufragismo.

1914 La poeta vanguardista **Mina Loy** escribe, pero no publica, su *Manifiesto feminista*, obra de tintes futuristas que se opone al reformismo burgués sufragista. Loy rechaza el capitalismo, critica la virginidad victoriana y declara a los hombres enemigos. En el mismo tono, expone sus tendencias clasistas y eugenistas, signo de una época tremendamente racista.

MADELEINE PELLETIER
L'éducation féministe des filles

1913 Cientos de sudafricanas se manifiestan en Bloemfontein contra la orden de que los trabajadores y trabajadoras negros deban mostrar pases expedidos por el Gobierno para poder acceder al centro urbano.

WOMEN DO NOT WANT PASSE[S]

WITH PASSES WE ARE SLAVES

1914 Madeleine Pelletier, una de las personalidades más fascinantes del sufragismo francés, publica *L'éducation féministe des filles*.

WILPF

1915 Durante la Primera Guerra Mundial nace la **Liga Internacional de Mujeres por la Paz y la Libertad**, muestra del compromiso de las mujeres con el pacifismo.

1915 La fotógrafa estadounidense **Imogen Cunningham** publica una serie de fotografías de su marido desnudo, lo que la convierte en la primera mujer en atreverse a publicar este tipo de material.

1915 Charlotte Perkins publica *Herland*, novela precursora de la ciencia ficción feminista. Perkins plantea en *Herland* un mundo habitado solo por mujeres en el que impera un orden pacífico e igualitario. El libro, hijo de su época, está sin embargo embebido de un racismo que empaña la obra de Perkins y de otras feministas blancas del momento, al que más adelante autoras como Octavia Butler pondrán en jaque al entrelazar ciencia ficción, género y raza.

1915 Comienza el genocidio armenio por parte del Gobierno de los Jóvenes Turcos, del que la violencia contra las mujeres se convertirá en una herramienta básica.

1911 **Maria Salomea Skłodowska-Curie** recibe el Premio Nobel de Química.

1911 La periodista anarquista japonesa **Kanno Sugako**, superviviente de una violación y activista por los derechos de las mujeres, es ejecutada por su participación en la conspiración para asesinar al emperador Meiji. Pese a que siempre había sido partidaria de métodos pacíficos, tras ser encarcelada durante una manifestación política en Tokio en 1908 decidió que la urgencia revolucionaria precisaba de vías violentas.

1913 Se crea en el Greenwich Village de Nueva York el grupo más alternativo del sufragismo estadounidense, Heterodoxy, en el que artistas, sindicalistas, lesbianas, bisexuales, socialistas y anarquistas se reúnen con un doble fin común: la igualdad social y la emancipación sexual.

8M

1913 Se establece el 8 de marzo como **Día Internacional de la Mujer Trabajadora.**

1916 Escrito desde su puesto de secretaria de una empresa aceitera, la poeta argentina **Alfonsina Storni** publica su primer libro, *La inquietud del rosal*, en el que habla de las dificultades de su vida de madre soltera en poemas como «La loba»: «Yo tengo un hijo fruto del amor, de amor sin ley, / Que no pude ser como las otras, casta de buey». Tras su publicación, fue despedida.

1918 Se funda la **Asociación Nacional de Mujeres Españolas**, que consideró que las feministas debían organizarse en un partido, por lo que, en 1934, crean la Acción Política Feminista Independiente. Después de que el Frente Popular rechazara integrarlas en 1936, decidieron disolverse para no restar votos a la izquierda, un problema endémico de la lucha de las mujeres, cuyos intereses la izquierda siempre ha estimado secundarios.

1915 **Alice Ball,** científica afroamericana, obtiene un máster en Química en Hawái y dirige su investigación hacia el uso del aceite de chaulmoogra para el tratamiento de la lepra. Ball desarrolló el primer inyectable de este aceite, que se convirtió en el mejor método para el tratamiento de la enfermedad hasta la década de 1940.

1916 La controvertida **Margaret Sanger** abre la primera clínica de control de natalidad en Nueva York y encabeza un movimiento internacional de información sobre métodos anticonceptivos. Sin embargo, Sanger se alineó con teorías eugenésicas que coartaban la natalidad de las clases más desfavorecidas y de las personas racializadas, una tendencia que gozaba de mucha aceptación en el momento y que pone de manifiesto el racismo reinante de principios del siglo XX.

1919 Se empieza a publicar el semanario iraní *Zabān-e zanān* («La voz de las mujeres»).

1920

Década de 1910

Los días internacionales de las mujeres trabajadoras

La celebración del Día Internacional de la Mujer Trabajadora es el resultado de varios hechos: las primeras en celebrarlo fueron las manufactureras textiles de Nueva York, quienes, en marzo de 1857, llevaron a cabo una pequeña manifestación en la que exígian jornadas más cortas y mejores salarios. En marzo de 1908, las condiciones seguían siendo las mismas y quince mil mujeres se unieron para reclamar mejoras. A raíz de esa coincidencia y de otras manifestaciones celebradas a finales de febrero, Clara Zetnik propone, en la II Conferencia Internacional de Mujeres Socialistas de 1911, que se fije internacionalmente un Día de la Mujer Trabajadora. Su celebración ese marzo logra un gran éxito en países como Austria, Dinamarca, Alemania o Suiza. Antes de que finalice el mes se produce el trágico incendio de la fábrica Triangle Shirtwaist de Nueva York, en el que fallecen ciento veintitrés trabajadoras, la mayoría inmigrantes, lo que pone de manifiesto las terribles condiciones laborales a las que se veían sometidas. Ya en 1913, el Día de la Mujer Trabajadora se establece el 8 de marzo. Las rusas eligen esa fecha, en contra de la opinión de sus camaradas, para levantarse y reclamar «Paz y pan» en San Petersburgo, el último empujón para provocar la caída del zar.

Más que Adelitas: mujeres en la Revolución mexicana

Entre las mujeres que participaron en la Revolución mexicana hubo quienes, durante la contienda se mantuvieron en el hogar y quienes salieron y se levantaron en armas: mujeres como Margarita Neri, que comandó una tropa de soldados de Tabasco, o Petra/ Pedro Herrera, que, vestida de hombre, conquistó la ciudad de Torreón y fundó su propio batallón de soldaderas, después de que Pancho Villa le negara el reconocimiento. También hubo mujeres agitadoras, como la anarquista Gutiérrez de Mendoza, que llegó a coronel zapatista mientras escribía en favor del sufragio femenino y de los derechos de mineros y de agricultores en periódicos como *Vésper*. La imagen de estas mujeres fue transformada por la cultura popular hasta crear una figura muy contradictoria: la visión romántica de la fidelidad femenina en tiempos de guerra y el ideal de sensualidad en corridos como «Adelita» representan tanto la virtud de las jóvenes campesinas como el miedo a su masculinización. Acabada la Revolución, la Constitución mexicana de 1917, considerada radical en su época, no contempló el voto femenino y profesionalizó el ejército, del que eliminó la presencia de las mujeres.

Jugarretas a Marie Curie

Aunque hoy todas identificamos a la polaca Marie Curie como la gran científica de principios del siglo XX, ganadora de dos Nobel y —ella sí— figura indeleble del imaginario colectivo, su entrada en la Historia con mayúscula constituyó toda una carrera de obstáculos. En Varsovia, la formación científica resultaba inaccesible para las mujeres, por lo que Curie se vio obligada a estudiar en la universidad de forma clandestina y, al final, emigrar a París, donde pudo desarrollar su carrera con ciertas facilidades. Y decimos «ciertas» porque el trabajo de una mujer era siempre recibido con recelo, estuviera en París o en Narnia. En el caso de Curie, en 1903, Pierre, su marido, y el físico Henri Becquerel recibieron una carta en la que se les anunciaba la concesión del Premio Nobel de Física por su descubrimiento de la radiactividad. Pese a que Curie formaba parte del equipo, la Academia sueca solo decidió incluirla en el galardón tras recibir una carta de Pierre Curie. Sin embargo, este primer patinazo no fue el último. Tras la muerte de su marido, Curie se convirtió en la primera profesora y directora de laboratorio del departamento de Física de la Universidad de París. En 1911, gracias al descubrimiento del radio y del polonio, la Academia sueca decidió otorgarle el Nobel de Química, a cuya ceremonia de entrega fue invitada a no acudir debido al escándalo que había provocado su relación con un hombre casado. Curie, sin embargo, asistió.

Pelletier, el radicalismo que miraba al futuro

A Madeleine Pelletier, sus creencias personales la aislaron de la acción política institucional durante la Tercera República Francesa. Pelletier, que huyó de los abusos sexuales de su hogar para convertirse en médica de un asilo psiquiátrico, abrió una clínica clandestina de abortos y dirigió un pequeño grupo feminista radical: la Solidarité des Femmes. En sus textos abogaba por la educación sexual y por la eliminación de las diferencias externas de género —vestía con traje de chaqueta— y la imposición de la maternidad. Pacifista en tiempos de la Primera Guerra Mundial, masona y defensora de un tipo de asexualidad muy personal, sus opiniones le dificultaron vincularse con las principales corrientes ideológicas del momento. Tras ser condenada por practicar un aborto ilegal a una niña víctima de violación, terminó sus días en un asilo psiquiátrico.

Sudafricanas contra los pases de acceso

Las mujeres que en Bloemfontein comenzaron la protesta contra la orden que exigía que mostraran los pases de acceso al centro urbano eran trabajadoras domésticas negras empleadas en casas de colonos blancos. Lideradas por Charlotte (Manye) Maxeke, cofundadora de la liga de las mujeres Bantu —asociación que había organizado la protesta—, doscientas mujeres marcharon rumbo al ayuntamiento, frente al cual quemaron los pases. Su negativa a retirarse provocó la detención de ocho de las manifestantes, pero la llama de la disidencia ya se había prendido y se extendió por las localidades cercanas: las manifestaciones se repitieron y decenas de mujeres fueron encarceladas. Al final se consiguió que se eliminara la obligación de llevar pases, un triunfo que inspiró posteriores tácticas de desobediencia civil.

Genocidio armenio y violencia contra las mujeres

El 24 de abril de 1915, las fuerzas otomanas asesinaron a más de doscientas personalidades armenias de gran relevancia intelectual y social, lo que significó el pistoletazo de salida del arresto y deportación de la población armenia. Los y las expulsadas fueron forzadas a caminar bajo un sol abrasador, sin agua y sin apenas descanso. Un gran número de personas fallecieron durante la deportación, ya fuera a pie o asfixiados en los trenes que usaron para su traslado. La violencia sexual contra las mujeres representó una parte clave del genocidio armenio y entre sus víctimas se contaron cientos de niñas y ancianas. Muchas de ellas fueron secuestradas y vendidas como esclavas. Aurora Mardiganian, superviviente de esta matanza, relata cómo fue testigo del asesinato de dieciséis jóvenes armenias, que fueron violadas y torturadas por soldados después de negarse a satisfacer los deseos sexuales de estos.

La primera revista iraní por los derechos de las mujeres

Ṣadīqa Daulatābādī, creadora del semanario iraní *Zabān-e zanān*, se rebeló contra su estricta familia mediante su deseo de recibir una educación y de que otras mujeres también la tuvieran. De niña acudía a clase vestida de hombre, y ya adulta fundó una escuela femenina clandestina. Una de sus iniciativas para mejorar la situación de la mujer iraní fue su revista, crítica con el velo y los matrimonios concertados. La publicación fue atacada desde sus inicios y a duras penas sobrevivió a una revuelta de extremistas. Tras diferentes aventuras editoriales y de trabajo en cooperativas, Daulatābādī se marchó a Francia a estudiar. A su vuelta ocupó distintos cargos en educación, que no colmaron sus expectativas reformistas.

Las chicas Seitō, una revolución anunciada

Con la subida al trono del emperador Meiji, el Japón de los samuráis, los shogunes y la dictadura militar se marchita y la influencia occidental entra a raudales e inunda con su modelo la economía, la política y la sociedad japonesas. En 1872, el sistema educativo se abre a las mujeres, aunque la figura de solícita madre y esposa se presenta siempre como el ejemplo que las alumnas deben seguir. En 1911, y directamente inspirado por el modelo occidental, surge el grupo Seitō, que podría traducirse literalmente como *bluestocking* («medias azules»; esto es, doctas, literatas), con el que se hacía alusión al nombre que recibían las feministas en el mundo anglosajón durante los siglos XVIII y XIX.

Todas las mujeres que participaron de su fundación eran de clase media alta y se habían formado en la recién creada Universidad para Mujeres de Japón. Como se intentará después en la Alemania de entreguerras, las Seitō eran partidarias de construir un nuevo prototipo de fémina, la denominada Nueva Mujer, que rechazaría el matrimonio concertado, se formaría intelectualmente, sería independiente, disfrutaría de su sexualidad y, en suma, supondría la quiebra de las varillas de ese estrecho corsé que hasta el momento había modelado la feminidad.

Dada la gran tradición de literatura femenina en Japón, cristalizada en la Edad de Oro del período Heian, no resulta extraño que, en un principio, la revista del mismo nombre publicada por el grupo Seitō estuviera vertebrada por la literatura. La destacada poeta pacifista Akiko Yosano era una colaboradora habitual, y la revista decidió presentar a las mujeres japonesas las obras occidentales que consideraba más valiosas a la hora de difundir ese modelo de Nueva Mujer. Desde Seitō se encargaron de traducir, entre otras, la hoy célebre *Casa de muñecas*, de Henrik Ibsen, cuya protagonista, Nora Helmer, estalla ante la infantilización que viene sufriendo durante toda su existencia y deja plantado a su afectuoso y —sobre todo— paternalista esposo, así como los ensayos de la feminista sueca Ellen Key, centrados en la maternidad, la autosuficiencia económica de la mujer y la ruptura del tabú en torno al placer sexual femenino.

Sin embargo, muy pronto las ideas e inquietudes de las propias fundadoras derivarán hacia el debate político, lo que provocará la preocupación del *kokutai* (el Gobierno), que censurará varios números de la revista y los condenará a la invisibilidad. Las Seitō no representaban, huelga decirlo, tan solo un problema sobre el papel. Hiratsuka Raichō, Yoshiko Yasumochi, Kazuko Mozume, Teiko Kiuchi, Hatsuko Nakaro, así como muchísimas de las colaboradoras, hacían cosas tan escandalosas como fumar, beber, reír en público, elegir a sus propias parejas, casarse por amor y acudir a locales de ocio tradicionalmente reservados a los hombres.

Las Seitō abogaban por un prototipo de fémina dispuesta a liberarse del estrecho corsé que constreñía la feminidad.

Pese a las presiones por parte del Gobierno, en 1915, la escritora anarquista Noe Itō toma las riendas de la publicación y llena sus páginas de críticas al capitalismo y de textos explícitos sobre sexualidad, columnas en contra de la poligamia y artículos en favor del sufragio femenino. Indignados ante la osadía de las mujeres Seitō, el Gobierno boicotea la red de distribución de la revista, lo que provoca su desaparición. Sin embargo, no conseguirá evitar su influencia en una generación de mujeres que, conscientes de la opresión de la que son objeto, lucharán para convertirse en sujetos de pleno derecho.

El largo y contradictorio camino hacia el voto en Estados Unidos

Las luchas sufragistas son fenómenos políticos contradictorios que se alargan en el tiempo y que combinan luchas colectivas e individuales. Empecemos por una fecha y por dos grandes mujeres: en 1851, la cuáquera Susan B. Anthony conoce a la abolicionista Elizabeth Cady Stanton, una de las organizadoras del encuentro de Seneca Falls, con la que iniciará una colaboración que marcará el primer feminismo estadounidense. Consideradas las madres del sufragismo, Susan B. Anthony, una aguerrida mujer soltera, viajará incansablemente para reclamar medidas legales para la mejora de la situación de la mujer, mientras que Stanton, madre de siete hijos, producirá una ingente cantidad de discursos, folletos y artículos para su amiga. «Si quieres que escriba más discursos, deberías venir y hacer el pudín y sujetar un rato al bebé», le escribió en una ocasión Stanton.

Junto a esa labor, ambas fueron pilares de la lucha antiesclavista, un proceso marcado por la Guerra Civil, durante la cual Anthony presentó una enmienda para abolir la esclavitud. Al concluir esta contienda, la decisión gubernamental de apoyar la decimoquinta enmienda, que daba el voto a los hombres afrodescendientes y no a las mujeres, hizo que el sufragismo se dividiera y se alejara de la lucha antirracista.

Hasta 1890, la importancia de las principales asociaciones sufragistas fue sustituida por una multitud de pequeños colectivos femeninos de carácter más reaccionario, pero en los que el voto femenino irá ganando adhesiones. Con la creación de la National American Woman Suffrage Association (NAWSA) se producen dos grandes cambios: la batalla pasa a librarse estado a estado y entra en juego

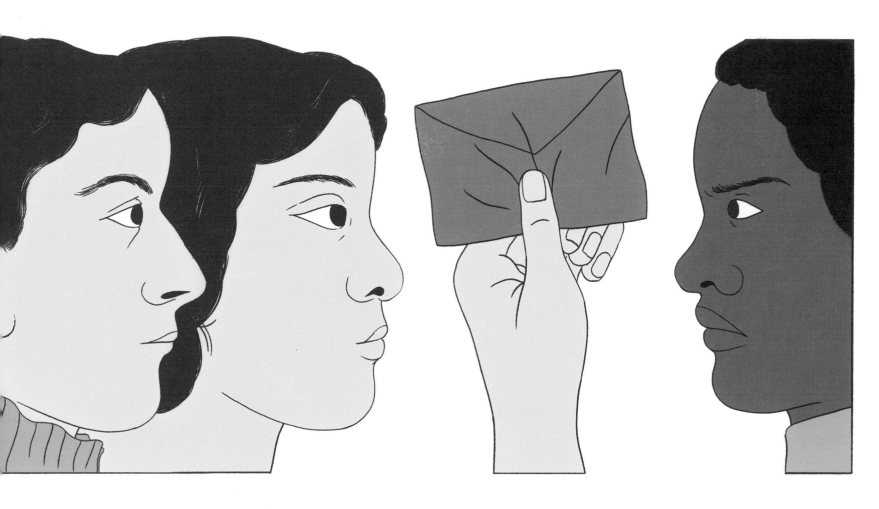

una nueva generación de mujeres como Anna Howard Shaw o Carrie Chapman Catt, sufragistas que mantienen la lucha dentro de la respetabilidad burguesa e inciden sobre la individualidad, la moral y la propiedad privada. Haciendo gala de una actitud racista, la NAWSA declinó la petición de la National Association of Colored Women (NACW) —centrada en la mejora de las condiciones de vida de las mujeres negras— de integrarse en pie de igualdad en la lucha sufragista.

En 1915, Alice Paul creó el Women's Party, dedicado a conseguir el voto mediante una serie de espectaculares acciones: desde reventar la llegada del recién elegido presidente Wilson a Washington hasta exigir la misma libertad para las mujeres que para los pueblos oprimidos por el káiser durante la Primera Guerra Mundial. Encarceladas, las integran-

tes del Women´s Party exigieron ser tratadas como presas políticas, iniciando una huelga de hambre que llevó a su alimentación forzosa.

El voto femenino iba conquistando estados y el 18 de agosto de 1920, en una votación decisiva que se produjo en Tennessee, el sufragio triunfó gracias al voto de uno de los representantes republicanos, Harry T. Burn, que había recibido una carta de su madre diciéndole que fuera «un buen chico» y vote-se en consecuencia.

El voto significó un increíble avance para muchas mujeres, pero sus frutos estaban repartidos de manera desigual. Las mujeres blancas pudieron ejercer sus derechos, pero las mujeres negras se enfrentaron en los estados sureños a gran cantidad de obstáculos (desde complejos exámenes culturales hasta la represión física).

Emma Goldman, la mujer que bailó la revolución

La tinta negra ocupaba gran parte de la primera página y los chicos que vendían los periódicos anunciaban a gritos el terrible destino que esperaba a cuatro hombres: la horca. Se trataba de cuatro anarquistas inocentes acusados de lanzar una bomba contra la policía en la manifestación de Haymarket (Chicago) el 4 de mayo de 1886. Petrificada en la acera, Emma Goldman, una joven de origen lituano, apretaba los dientes e intentaba contener la rabia. Llevaba un año viviendo en Nueva York, tras haber huido de las múltiples violencias que había tenido que sufrir a lo largo de sus diecisiete años: la patriarcal en la familia y la sexual en la fábrica; también tuvo que padecer el antisemitismo de la Rusia zarista. Su país de acogida, Estados Unidos, la había recibido con miserias, con un trabajo esclavo de costurera y con duras injusticias, como la despiadada persecución de sindicalistas y obreras. Aquel día, en el que el ruido de los tranvías parecía un lamento, se convirtió en anarquista.

Goldman inició su trayectoria política en un momento —finales del siglo XIX— y en un lugar —Estados Unidos— en los que había cinco millones de mujeres trabajadoras: la mitad de ellas eran empleadas domésticas, y la industria textil y cigarrera, con sus salarios bajos y sus largas jornadas, concentraba al resto. En esos años empiezan las movilizaciones de las trabajadoras textiles para exigir jornadas de ocho horas y también se produce la represión patronal: se golpea a los huelguistas y las concentraciones son dispersadas a balazos. En ese contexto, Emma Goldman, tras un breve y desdichado matrimonio, entró a formar parte de una comuna de espíritu y relaciones anarquistas con el escritor Alexander Berkman, su compañero, junto al que se radicalizaría: sería encarcelada por arengar e incitar a tres mil parados para que tomaran por la fuerza el pan que merecían y que se les negaba.

En 1895 viajó a Europa e inició una larga estancia en Viena, donde se formó como matrona y enfermera —empleo que ejercerá a su vuelta en los suburbios de Nueva York—, y en 1906 fundó su propio periódico, *Mother Earth*, dedicado al anarquismo feminista. Se trata de años de gran actividad: Goldman, considerada un peligro público, era conocida a escala nacional por su infatigable labor agitadora, tanto en ámbitos públicos —la fábrica— como privados —la familia—. La activista viajó por todo el país con el objetivo de recaudar fondos para ayudar a militantes políticos perseguidos o a huelguistas encarcelados y ofreció mítines en los que abordaba asuntos como la dignidad salarial o el matrimonio, al que tachaba de cárcel para la mujer.

En 1917, mientras Estados Unidos se encontraba inmerso en la Primera Guerra Mundial, el Gobierno inició una caza de figuras subversivas que llevó al cierre de su publicación y a la persecución tanto de Goldman como de su pareja. Deportados ambos a Rusia, sufrieron los excesos totalitarios del régimen comunista de ese momento, del que, en libros posteriores, renegaron.

A lo largo de su extensa trayectoria, Goldman obtuvo un enorme éxito al abrir los debates de la izquierda a cuestiones feministas como el matrimonio o la contracepción. Además, mantuvo una posición incómoda con respecto a temas esenciales para la lucha revolucionaria: criticó la violenta persecución del sindicalismo, pero le reprochó también su verticalidad, renegó del feminismo burgués que solo luchaba por el voto y vio el potencial que tenían las mujeres de clase media. Emma Goldman fue, sobre todo, una luchadora infatigable y un espíritu libre que a los sesenta y siete años, viviendo ya en Canadá, viajó a Barcelona para apoyar a los anarquistas en el fragor de la Guerra Civil española.

Cuando un camarada la reprendió por bailar, contestó: «Exijo libertad para expresarme y que todos tengan derecho a cosas bellas y radiantes. Eso es para mí el anarquismo».

1920

1920

1920 **Betsabé Espinal**, campesina de veinticuatro años, dirige la huelga de obreras de la fábrica de tejidos de Bello, en Antioquía, Colombia. El parón laboral reunió a cuatrocientas trabajadoras, que se alzaron contra el acoso sexual y contra los ínfimos salarios que recibían. Tras más de veinte días, el patrón se vio obligado a despedir a los capataces acusados y a aumentar los sueldos de las mujeres, en lo que se convirtió en uno de los primeros éxitos de los obreros en el país.

1920 **Deng Chunlan** escribe a la Universidad de Pekín pidiendo ser aceptada como estudiante. Al no recibir respuesta, se embarca en un viaje de cinco mil kilómetros desde Mongolia. En la década de 1920, mujeres de todo el mundo iniciarán sus particulares odiseas para poder acceder a la universidad.

1924 **Marianne Brandt** se convierte en la primera mujer en lograr entrar en el taller de Metal de la Bauhaus, con lo que consigue romper con la exclusividad masculina que regía en esta escuela debido a los prejuicios machistas de su fundador, Walter Gropius, que vetó a las mujeres en ciertos talleres.

1924 Se estrena el ballet *Les Biches* de Nijinska, hermana del bailarín y coreógrafo Nijinski; por su análisis de las relaciones de género y de las identidades sexuales, esta pieza está considerada el primer ballet feminista de la historia.

1923 **Noe Itō**, escritora anarquista y activista japonesa, es apaleada y asesinada brutalmente por la policía junto a su amante y su sobrino de diez años.

1926 Se crea en Madrid la primera asociación de carácter feminista de España, el **Lyceum Club Femenino**.

1924 Un sector privilegiado de las mujeres españolas conquista el derecho a voto durante la dictadura de Primo de Rivera, aunque nunca llegará a ejercerlo.

1926 En la Unión Soviética, creada en 1922, se establece el código de familia bolchevique, destinado a la protección de la población social y legalmente más vulnerable, en la que se incluye a las mujeres. Se facilita el divorcio, se otorga la propiedad compartida a ambos cónyuges y se estipulan las manutenciones de los padres.

1926 La moda y el estilo de vida independiente de las *flappers* arrasa en los países anglosajones, lo que socava los cimientos de la feminidad políticamente correcta.

1921 La **Cámara de los Lores** británica decide impugnar la votación parlamentaria que condenaba el lesbianismo con penas de cárcel. Los motivos, sin embargo, no fueron progresistas: temían que al condenar el lesbianismo, ya bastante *à la mode*, lograrían que fuera más atractivo, algo que había que evitar en una Inglaterra con muy pocos hombres debido a los estragos producidos por la Primera Guerra Mundial.

1921 **Bessie Coleman**, hija de padre cheroqui y de madre negra, se convierte en la primera mujer afroamericana en ser piloto de aviación civil, un título que se vio obligada a obtener en Francia, ya que en Estados Unidos ni las mujeres, ni las personas negras tenían acceso a este tipo de formación. Tras ser rechazada en su país de origen, Coleman se preparó en Europa y llegó a convertirse en una temeraria y diestra experta del espectáculo aéreo.

1922 La Unión Astronómica Internacional adopta el sistema de clasificación de estrellas propuesto por **Annie Jump Cannon**, que las catalogó sobre la base de sus temperaturas y tipos espectrales. Cannon, defensora del sufragismo y dedicada en cuerpo y alma a su carrera, no solo tuvo que enfrentarse a los prejuicios de género, sino a los de quienes dudaban de sus capacidades por padecer una severa falta de audición.

1922 Excluidas de las Olimpiadas, las mujeres crean los **Women Olympic Games (WOG)**, una competición internacional para mujeres deportistas.

1923 **Elvia Carrillo Puerto**, conocida como la Monja Roja del Mayab, es elegida diputada del Congreso de Yucatán, lo que la convierte en la primera mujer mexicana en ostentar dicho cargo. Carrillo luchó con denuedo para lograr el sufragio femenino y fundó la primera organización de mujeres campesinas.

1929 **Lilian Moller Gilberth**, ingeniera y madre de doce hijos, aplica sus conocimientos industriales para racionalizar y hacer más eficiente y rápido el trabajo en la cocina. Doctorada en Psicología del Trabajo e Industrial, durante años fue asesora del presidente. Entre otros, le debemos recursos tan cotidianos como el pedal del cubo de basura y las baldas de la puerta del frigorífico.

1929 La psicoanalista **Joan Riviere** publica el artículo «La femineidad como máscara», en el que analiza cómo las mujeres con carreras intelectuales utilizan una expresión exagerada de la feminidad para compensar los rasgos masculinos a los que se asociaba la ambición laboral. Esta idea del género como máscara y actuación tendrán gran repercusión.

1927 La diplomática y periodista **Rosika Schwimmer**, sufragista y pacifista húngara, se enfrenta al Gobierno de Estados Unidos. Schwimmer, que había emigrado desde Hungría por la dictadura, se niega a acatar el juramento de ciudadanía estadounidense, que incluía estar dispuesta a defender el país con las armas. Schwimmer morirá pobre y apátrida, en 1948, sin abandonar nunca el sueño de la creación de un Gobierno global que evite las guerras.

1929 Se produce en Nigeria la llamada «guerra de las mujeres igbo» contra las autoridades que restringían su participación en la vida pública.

1929 Tras recibir un disparo por parte de su marido y sufrir un aborto involuntario provocado por el estrés, la reconocida compositora francesa **Germaine Tailleferre** escribe su famosa obra *Six chansons françaises*, en la que emplea como base textos del siglo XV al XVIII que tratan de la condición femenina, en especial de las *malcasadas*.

Década de 1920

El voto frustrado

Aunque ha pasado a la historia como un derecho alcanzado durante la Segunda República, lo cierto es que las mujeres españolas conquistaron el derecho al voto más de media década antes, cuando el país se hallaba bajo la dictadura de Miguel Primo de Rivera (1923-1930). Sin embargo, tan solo las mujeres solteras o viudas, es decir, las cabezas de familia, podían ejercer el voto. Este se negaba a las mujeres casadas, salvo si contaban con un permiso explícito expedido por sus maridos, una condición destinada a mantener la autoridad masculina sobre aquellas. El derecho a voto fue aprobado para las elecciones municipales, pero estas nunca se celebraron, por lo que las mujeres no pudieron ejercerlo hasta 1931, cuando fue aprobado en el marco de la Segunda República, pese a los numerosos intentos por impedirlo, basados en la supuesta emocionalidad de las mujeres (lo que las inhabilitaría para poder ejercer el voto con criterio y racionalidad), en su falta de formación y en su estrecha relación con la Iglesia, que, se suponía, otorgaría la victoria al bando conservador.

Atletas en pie de guerra

Cuando la tradición de los Juegos Olímpicos se reinstauró a finales del siglo XIX, los organizadores decidieron mantener uno de sus aspectos más reaccionarios: la exclusión de las mujeres deportistas. En la antigua Grecia, las mujeres tenían sus propias competiciones cada cuatro años, los Juegos Hereos, en honor a la diosa Hera, pero en pleno siglo XX la competición oficial se abría a las mujeres solo en dos deportes: el tenis y el golf. Cuando el Comité Olímpico Internacional (COI) no dio muestras de querer ampliar el número de deportes permitidos a las mujeres, las deportistas, encabezadas por la francesa Alice Milliat, se organizaron y formaron, en 1922, los Juegos Olímpicos Femeninos, que se celebraron hasta 1934 y que lucharon por obtener el reconocimiento de las mujeres en el deporte. Los Juegos Olímpicos Femeninos alcanzaron un gran éxito de público y participación, lo que hizo que

el COI cambiara de posición y tratara de integrar poco a poco a las mujeres en los deportes olímpicos. A pesar de ello, las mujeres deportistas siguieron luchando por su situación: tras las Olimpiadas de Barcelona de 1992, un grupo de deportistas pidió de manera conjunta el veto a aquellos países que, por motivos religiosos o culturales, impedían que las mujeres participaran en sus equipos.

El «club de las maridas»

En 1926 se funda el Lyceum Club Femenino, una asociación de mujeres que ha sido considerada el primer foro feminista de España y que funcionó hasta el final de la Guerra Civil. El Lyceum Club Femenino fue creado por un centenar de mujeres según el modelo de los clubes para mujeres de Londres que existían desde 1903. En estos establecimientos las mujeres podían reunirse, hacer negocios, celebrar actividades culturales y, en los dotados con camas, pernoctar, tal como hicieron dos españolas —Carmen Baroja y Carmen Monné— que, después de regresar de un viaje a Londres, decidieron trasladar el modelo de Lyceum a Madrid. En un principio, el club contaba con ciento cincuenta y una socias, entre las que se encontraba lo más granado de la intelectualidad femenina española de principios del siglo XX: de María de Maeztu a Zenobia Camprubí, pasando por Victoria Kent o Clara Campoamor. En su biblioteca y salón de conferencias se defendió la posición jurídica de la mujer y se realizaron actividades educativas con la Residencia de Señoritas, que facilitaba la integración de las mujeres en los estudios superiores. Los ataques patriarcales se produjeron desde el primer momento: fueron etiquetadas de «criminales», «ateas», «excéntricas», «desequilibradas» y hasta de «jugadoras», debido a la presencia de un salón de bridge en el club. El misógino y premio Nobel Jacinto Benavente declinó impartir una conferencia allí porque él no hablaba «a tontas y a locas», y se las denominó el «club de las maridas» por el alto número de casadas que había entre sus socias, que, desde distintas ideologías, compartían el propósito común de mejorar la posición de la mujer.

Una libertad exclusiva

 Tras la incorporación al trabajo de las mujeres durante la Primera Guerra Mundial, un nuevo modelo de fémina se abre paso, a ritmo de jazz y con un cigarrillo en los labios, entre la anquilosada sociedad anglosajona: la *flapper*. Mujeres blancas, independientes y alegres, las *flappers* asestaron un golpe mortal a la corrección política y a la discreción que aún se consideraban las piedras angulares de la feminidad. Un golpe que comenzó con la revolución de la moda, que reemplazaba los corsés por fajas y optaba por las prendas holgadas que dejaban las rodillas al aire y permitían la libertad de movimientos. Los sombreros se hicieron más pequeños, ajustados y sencillos, y los peinados, menos aparatosos; las melenas se redujeron al corte *bob*, popularizado por la actriz Louise Brooks. Sin embargo, el cambio más demoledor no fue el de la estética, sino el de la actitud: las *flappers* invadieron el espacio público y lúdico y desafiaron el modelo de señorita bien educada. Fumaban, bebían, conducían, viajaban solas, practicaban deporte y se dedicaban a disfrutar de la vida. Una revolución hedonista, solo accesible a unas pocas, que no sobrevivió a la crisis económica de 1929.

Asesinato de una revolucionaria

 Noe Itō constituye el nexo de unión de dos de los grupos feministas de mayor proyección del Japón de principios del siglo XX: Seitō y Sekirankai. Tras huir de un matrimonio de conveniencia del que esperaba obtener una Independencia que nunca llegó, Noe se unió al grupo feminista Seitō, en cuya revista escribiría sobre temas como el aborto, la maternidad y la prostitución, y se ocuparía asimismo de traducir la obra de la anarquista de origen lituano Emma Goldman al japonés. Además de su labor literaria en Seitō, la activista participó en las iniciativas de Sekirankai, un grupo de mujeres centrado en la defensa del feminismo desde una perspectiva marxista. Tanto ella como su amante, Ōsugi Sakae,

referente del anarquismo japonés, eran figuras que incomodaban a los poderes políticos y fácticos del país. En 1923, tras el gran terremoto ocurrido en Kantō, las autoridades ordenaron la detención de numerosos activistas socialistas y anarquistas, con la excusa de que estos aprovecharían el caos para crear disturbios y conducir al pueblo a la rebelión. Noe, Ōsugi y el sobrino de la primera, de solo seis años, fueron detenidos, apaleados hasta la muerte y arrojados a un pozo, un suceso que provocó una enorme conmoción en Japón y que se recuerda como el «incidente Amakasu».

Nigerianas contra la autoridad

 Haciendo gala de gran rapidez, así como de una enorme capacidad organizativa, en 1929 miles de mujeres nigerianas, pertenecientes a la etnia igbo, una de las más extendidas del continente africano, viajaron a Oloko para protestar contra los llamados «jefes de Garantía». Designados por el Imperio británico, que se había dedicado a colonizar la zona desde 1861, estas autoridades locales restringían el papel y la participación de las mujeres en el Gobierno y en el espacio público. La protesta, liderada por mujeres del medio rural de las provincias de Owerri y Calabar, tuvo consecuencias determinantes y provocó la dimisión de varios «jefes de Garantía» cuyas prácticas se consideraron discriminatorias. El liderazgo de las mujeres dotó de cierta naturaleza ecléctica al levantamiento, que incluyó desde canciones mordaces hasta la quema de diversos centros de administración nativa establecidos por el Imperio británico, pasando por la liberación de presos locales. Las acciones fueron contestadas con contundencia por la policía, que asesinó a más de cincuenta activistas, pero estas consiguieron devolver el poder y la capacidad de maniobra y de decisión a las mujeres igbo e inspiraron muchas de las iniciativas posteriores llevadas a cabo por las nigerianas, como las protestas debidas a la arbitraria subida de impuestos de 1938.

¡¡Fuego!! Historia de un renacimiento en Harlem

Desde 1910, en respuesta a los linchamientos y a las leyes Jim Crow de segregación racial, que imperaban en el sur, cientos de afroamericanos se desplazaron hacia el norte de Estados Unidos, lo que dio origen al fenómeno que hoy conocemos como la Gran Migración. Aunque el norte no era impermeable al racismo y no se convirtió en ningún paraíso para quienes huían del terror sureño, esta nueva población sí encontró un reducto en el que poder afianzarse y gestar una nueva construcción identitaria atravesada por la experiencia y por el orgullo racial, una combinación que desembocará en el contundente Black Power de la década de 1960.

Fundado en su día por los invasores holandeses, Harlem se convertirá en el barrio con mayor presencia negra del norte del país gracias a la inversión inmobiliaria del emprendedor afroamericano Philip Payton. Ya en 1920, la convivencia de la comunidad negra propiciará la aparición de un movimiento cultural de primer orden, centrado, en un principio, en transmitir una idea del ciudadano afroamericano como buen universitario, sofisticado y en estrecha relación con la clase intelectual blanca, y, después, gracias a la labor de Zora Neale Hurston y Wallace Thurman y su revista *Fire!!*, como un tajante revulsivo contra ese deseo de identificación con los blancos. Para los colaboradores de *Fire!!*, la dirección que había que seguir era aquella que revalorizara la expresión cultural auténticamente afroamericana: alejarse de la *blanquitud* de Yale y de Harvard y abrazar el blues, el jazz y la literatura que abordara la vida real del barrio y no la que se volcara sobre esa selecta minoría por medio de la que algunos querían representar a la totalidad del colectivo afroamericano.

Una de las obras fundacionales de este movimiento cultural fue *There is Confusion* (1924), de la editora y agitadora cultural Jessie Redmon Fauset.

La obra propone una reflexión sobre el papel de madre y esposa y analiza la diferencia de obstáculos que debe superar la discriminación racial en función de la solvencia económica. Como editora de la revista *The Crisis*, Fauset se ocupó de dar visibilidad a las mentes creadoras que dinamizaban el renacimiento de Harlem: desde la antropóloga Zora Neale Hurston, la novelista Nella Larsen y la poeta Helene Johnson hasta la escultora Augusta Savage y la pintora Gwen Knight. La primera, fundadora de la revista *Fire!!*, fue una brillante folclorista que buceó en las tradiciones orales y en la cultura popular del sur más profundo, centró su obra en Mississippi, Luisiana y Florida y propuso un nuevo tipo de personaje femenino que se enfrentará a las convenciones de género con relatos como *Sweat* (1926). Nella Larsen, por su parte, y pese a la escasez de su obra, está considerada en la actualidad la más brillante novelista del renacimiento de Harlem y una importantísima figura del movimiento moderno estadounidense, gracias a *Arenas movedizas* (1928) y *Passing* (1929), ambas inspiradas en el desarraigo provocado por su condición de mestiza.

Gracias a Zora Neale Hurston, a Wallace Thurman y a su revista *Fire!!*, el movimiento cultural afroamericano se transforma en tajante revulsivo contra el deseo de identificación con los blancos.

Contrariamente a muchos de los movimientos culturales enmarcados en Europa, en este caso las mujeres tendrán un protagonismo y una capacidad de actuación esenciales, lo que dará pie a uno de los fenómenos culturales más auténticos de Estados Unidos: el renacimiento de Harlem.

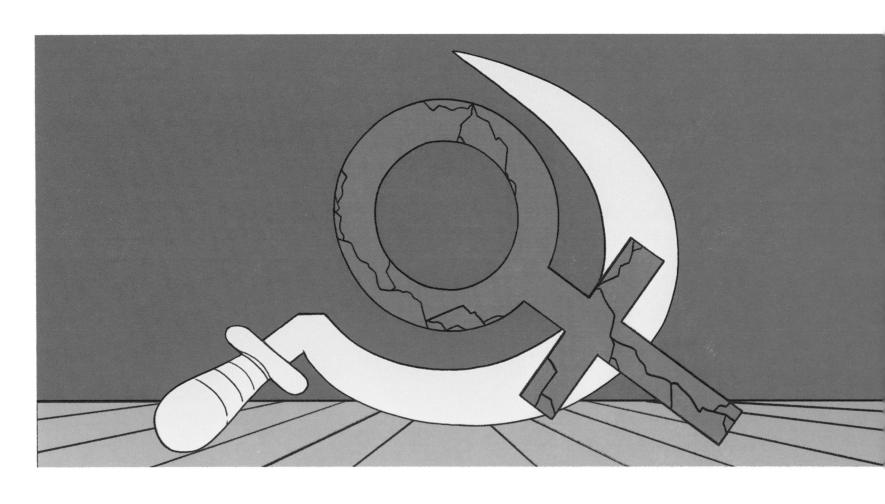

Socialismos y feminismos, matrimonios mal avenidos

A lo largo de la historia contemporánea, numerosas socialistas feministas han tratado de entender y de acabar con la subordinación de la mujer aduciendo razones de género, de clase, de raza y de orientación sexual. Sin embargo, la relación entre feminismo y socialismo resulta compleja y, conforme las ideologías socialistas se fueron institucionalizando, el feminismo se vio ninguneado, aplazado y/o rechazado.

La historia de este «matrimonio mal avenido» comenzó con el socialismo utópico, cuyos proyectos de vida comunal colocaban a la mujer en un plano más igualitario, y siguió cuando se impuso una interpretación «científica» del socialismo, el marxismo, que no analizará de manera particular las opresiones que las mujeres vivían. De manera excepcional, Engels publicó, en 1884, *El origen de la familia, la propiedad privada y el Estado*, en el que destacó que la discriminación que padecen las mujeres no ha existido siempre, sino que está ligada a la aparición de la propiedad privada y al deseo de los hombres de transmitir sus bienes a sus herederos, lo que trajo consigo la exclusión de las mujeres de la esfera pública y del trabajo. La revolución debería solucionar dicha ausencia. Esta afirmación implicaba también el hecho de que las mujeres no debían luchar por su liberación particular, sino junto con sus compañeros, porque solo acabando con el capitalismo podrían emanciparse. El feminismo ha criticado que esta visión ortodoxa no conciba la reproducción como un lugar de resistencia y de transformación, que ignore cómo las mujeres han

contribuido a las esferas pública y la privada, que entienda el trabajo doméstico como secundario, y a la mujer, como acompañante del revolucionario, y que sea una teoría ciega al modo en que el capitalismo afecta a la vida de las mujeres.

La batalla contra el capitalismo y el patriarcado tuvo muchas fricciones, por ejemplo, en relación con el sufragismo. En 1907, la Segunda Internacional aconsejó que se luchara por el sufragio femenino, pero sin apoyar a las organizaciones sufragistas, lo que para muchos significó negar autonomía a «la cuestión femenina». Si bien el sufragismo no supo aprovechar el gran potencial de las mujeres obreras y el marxismo parecía sordo a ciertas reivindicaciones feministas, grandes figuras lograron enlazar ambos discursos, como la política y teórica Aleksan-

dra Kolontái, que no solo afirmaba que se debía fomentar el trabajo femenino, sino que expuso que también se necesitaba una revolución en el ámbito de lo privado. Kolontái, que llegó a formar parte del Gobierno de Lenin en 1917, hablaba de la mujer nueva, a la vanguardia de la revolución, que se definía por su individualidad. Para liberarla no bastaba con acabar con la propiedad privada, sino que era necesaria una revolución psicológica que creara un nuevo tipo de relaciones personales, fundadas en la camaradería y en la nueva clase dominante: la clase obrera. Estos debates chocaron con la ortodoxia ideológica comunista y muchas de sus principales pensadoras acabaron olvidadas cuando Stalin declaró, en 1930, que «la cuestión femenina» estaba oficialmente resuelta en la Unión Soviética.

Huda Shaarawi: revolución egipcia, corazón árabe

La vida y legado de Huda Shaarawi están protagonizados por las dos inquietudes que marcaron la identidad revolucionaria del Egipto de principios del siglo XX: el nacionalismo y la situación de las mujeres. Como suele suceder, el segundo asunto quedó relegado por la urgencia del primero, lo que obligó a las mujeres a unir fuerzas para dar voz a su propia lucha emancipadora, en la que Shaarawi será una pieza clave.

De origen acomodado y educada en un harén egipcio para mujeres de clase alta —donde, pese a obligarlas a memorizar el Corán, no se las instruía en árabe, la lengua en el que este está escrito—, Shaarawi contrajo matrimonio a los trece años con uno de sus primos, de quien se separaría al poco tiempo tras descubrirse que esperaba un hijo de otra mujer. Espoleada por las posibilidades que esta situación ofrecía a una mujer de clase elevada, Shaarawi estudió turco y árabe y se labró una buena formación, hasta que, a los veintiún años, decidió volver con su marido, en ese momento, durante el protectorado británico, una destacada figura opositora. Unidos por el deseo de vivir en un Egipto independiente, ambos formaron parte del Wafd, partido nacionalista liberal de enorme influencia durante la década de 1920, de cuya facción femenina Shaarawi fue la fundadora y presidenta desde 1920 hasta 1924, cuando, debido a la escasa atención que el partido daba a los asuntos relacionados con las mujeres, dimitió.

En las páginas de *Al-Misriya*, Shaarawi canalizó y difundió la causa feminista y la del nacionalismo árabe, hacia el que tendió desde el egipcio con su ideología *panarabista*.

En 1923, con la experiencia adquirida en el seno del Comité Central de Mujeres del Wafd y en la Sociedad de la Nueva Mujer, cuyo propósito consistía en la alfabetización y en la educación básica de las mujeres sin recursos, Shaarawi funda la Unión Feminista Egipcia, principal valedora de la lucha de las mujeres y parte de la Alianza Internacional pro-Sufragio Femenino. Además de trabajar para conquistar el derecho de las mujeres a la educación universitaria y el acceso a los puestos del funcionariado, la Unión Feminista Egipcia acudirá a congresos en el extranjero y publicará la revista *Al-Masriya*, cuya redactora jefa será la periodista egipcia Ceza Nabarawi. Tras la fundación de la unión y en plena urgencia nacionalista, Shaarawi protagonizará uno de los gestos más recordados del feminismo árabe: a su regreso de un congreso de la Alianza Internacional de las Mujeres en Roma y ante cientos de mujeres que la esperaban en el aeropuerto, la activista se quitó el velo, un acto que fue y aún es imitado por muchísimas mujeres como forma de protesta en el espacio público.

En las páginas de *Al-Masriya*, Shaarawi canalizó y difundió la causa feminista y la del nacionalismo árabe, hacia el que tendió desde el egipcio. Su ideología panarabista, que afirmaba que todos los pueblos árabes, independientemente de su situación geográfica, debían conformar una única nación y una única unidad política, la llevó a convertirse en la presidenta de la Unión Feminista Árabe (ya no solo egipcia) en 1945.

Pese a las críticas dirigidas hacia su condición acomodada, hecho que la llevó a considerar a las mujeres sin recursos sujetos sin agenda política propia, así como hacia su identificación entre velo y sumisión, Shaarawi constituye un elemento crucial e ineludible de la historia de Egipto y, en particular, de la de sus mujeres.

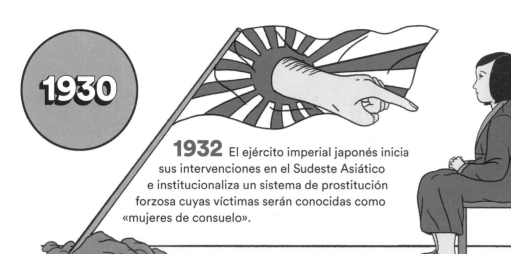

1930

1932 El ejército imperial japonés inicia sus intervenciones en el Sudeste Asiático e institucionaliza un sistema de prostitución forzosa cuyas víctimas serán conocidas como «mujeres de consuelo».

1932 Las mujeres brasileñas conquistan el derecho al voto gracias al incansable trabajo de la Federação Brasileira pelo Progresso Feminino y de su presidenta, **Bertha Lutz**, una de las feministas más respetadas de Iberoamérica.

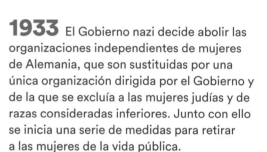

1934 Se forma en Haití la **Ligue Féminine d'Action Sociale**, el primer grupo feminista del país, creado en parte como respuesta a la violencia sexual de la ocupación de Estados Unidos, desde el que se iniciaron campañas reformistas contra el analfabetismo o en favor de cambios legales.

1933 El Gobierno nazi decide abolir las organizaciones independientes de mujeres de Alemania, que son sustituidas por una única organización dirigida por el Gobierno y de la que se excluía a las mujeres judías y de razas consideradas inferiores. Junto con ello se inicia una serie de medidas para retirar a las mujeres de la vida pública.

1933 La creadora del álgebra abstracto y la autora del teorema de Noether, **Emmy Noether**, que había dedicado toda su vida a la enseñanza académica, muchas veces sin recibir sueldo y sin contrato, es expulsada de la Universidad de Gotinga debido a sus orígenes judíos.

1935 La antropóloga **Margaret Mead** publica *Sexo y temperamento en tres sociedades primitivas*, uno de sus ensayos más conocidos, en el que introduce a un público mayoritario un concepto revolucionario: los roles de género no son universales, sino relativos, y lo que en una cultura se considera masculino o femenino puede no serlo en otra.

1935 En medio de una espectacular ceremonia, **Omu Okwei** es nombrada reina mercader y presidenta del consejo de madres de la región de Osomari (Nigeria). Omu verá cómo los ingleses darán protagonismo a los hombres en ese campo.

1935 El Gobierno holandés prohíbe a las mujeres casadas trabajar como funcionarias, en particular como maestras o como enfermeras, con el fin de reducir las altas tasas de desempleo masculino durante la Gran Depresión. Distintos países europeos, como Inglaterra, adoptarán medidas legales que obligarán a las mujeres a abandonar sus trabajos una vez casadas; se consideraba que el finiquito por sus servicios actuaba como dote.

1932 La poeta y dramaturga jamaicana **Una Marson** llega a Londres, donde se sentirá profundamente impresionada por las altas cotas de sexismo y de racismo.

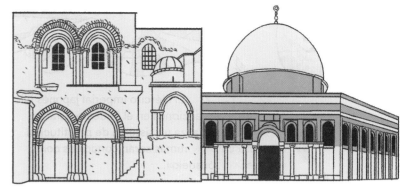

1933 Las mujeres palestinas organizan una marcha a los santos lugares de Jerusalén como protesta contra la continua inmigración judía.

1933 La intelectual, coleccionista de arte moderno y escritora experimental y de vanguardia **Gertrude Stein** publica *Autobiografía de Alice B. Toklas*, una obra en la que se describe a sí misma mediante la mirada de su amante, Alice. Stein es, además, autora de una de las primeras obras literarias homosexuales modernas, *Q. E. D. (Quod Erat Demonstrandum)*, escrita en 1903, pero publicada en 1950 como *Things as They Are*, (*Q.E.D.: Las cosas como son*), que describe las vicisitudes de un triángulo amoroso lésbico.

1939 Hattie McDaniel se convierte en la primera actriz afroamericana en ganar un premio Oscar por su papel de Mammy en la película *Lo qu,e el viento se llevó*.

1936 El Gobierno de Stalin anula la mayoría de los progresos en favor de la mujer propiciados por los bolcheviques y, con la excusa de reforzar la familia, pone trabas al divorcio y restringe la posibilidad de abortar. Otros Gobiernos autoritarios, preocupados por el descenso demográfico de la década de 1930, adoptan medidas similares.

1939 Frida Kahlo termina uno de sus cuadros más famosos, *Las dos Fridas*, en el que, mediante un doble autorretrato, explora la coexistencia de su éxito profesional con su sufrimiento físico y con su compleja situación emocional.

1939 Billie Holiday hace enmudecer al público neoyorquino del club nocturno Café Society con su interpretación de «Strange Fruit».

1940

Década de 1930

La lucha por el voto femenino en Brasil

 El feminismo vivirá un momento de popularidad en Iberoamérica y en el Caribe durante la década de 1930 y su diversidad reflejará las tensiones de este período: entre el internacionalismo y el auge de los nacionalismos, y entre un feminismo de izquierdas, que buscaba aunar distintas luchas, y otro reformista y burgués, como el de Brasil. En este último país, un grupo de mujeres, educadas y urbanas, iniciará un movimiento que acabará prendiendo entre las clases más populares. Entre aquellas destacará Bertha Lutz, que estudiará Biología en la Sorbona y entrará en contacto con el feminismo francés y británico. A su vuelta, en 1919, Lutz impulsará el movimiento feminista en Brasil, mediante la creación de asociaciones y el estímulo de la educación de las mujeres como requisito para el progreso del país. Con una larga trayectoria dentro del feminismo internacional y perteneciente al grupo de personas influyentes en favor del sufragio femenino, Lutz hablará en el Congreso Nacional y luchará por conseguir que, en 1932, Brasil se convierta en el cuarto país en aprobar el voto femenino.

Las olvidadas de la guerra

 La década de 1930 asistirá al inicio de una trágica tendencia de la época contemporánea: el de la población civil como principal víctima de los conflictos bélicos, que, en el caso de las mujeres, se traducirá, en no pocas ocasiones, en violencia sexual. Las llamadas «mujeres de consuelo», del japonés *jugun ianfu*, fueron secuestradas para ser entregadas a los soldados japoneses en sus destinos militares antes y durante la Segunda Guerra Mundial. Se calcula que entre ochenta mil y doscientas mil sufrieron el secuestro, la tortura y la violación de forma sistemática en una serie de prostíbulos estatales en los que se las tenía retenidas durante períodos que iban desde las tres semanas hasta los ocho años. La mayoría de ellas, que aparecían en los registros militares como «suministros de guerra», provenían de Corea, pero también de otros países invadidos por Japón, como Taiwan, Filipinas, Indonesia, Malasia, Tailandia... Una vez acabado el conflicto bélico, las mujeres que no fueron ejecutadas durante la retirada de las tropas vivieron entre el olvido estatal y el rechazo de sus propias familias. En la década de 1990 el tema volvió a surgir con fuerza debido a una demanda colectiva de tres mujeres coreanas que reabrió el debate en todo el Sudeste Asiático y que ocasionó una serie de protestas delante de la embajada de Japón en Seúl que, hasta 2014, se repitieron todos los miércoles.

Palestinas contra el invasor

 Matiel Mogannam, cristiana, pronuncia su discurso contra la invasión judía ante la mezquita de Omar, mientras Tarab Abd al-Hadi, musulmana, lo hace en la iglesia del Santo Sepulcro, frente a la tumba de Cristo. Ambas mujeres habían organizado, cuatro años antes, el Congreso de Mujeres Árabes Palestinas, que se celebró en la casa de Tarab Abd al-Hadi y del que surgió el comité ejecutivo, cuya misión consistía en organizar los movimientos de las mujeres palestinas contra el sionismo. El hecho de que Matiel Mogannam y Tarab Adb al-Hadi pronunciaran su discurso en los lugares sagrados de la religión contraria pretendía mostrar la buena relación que existía entre las dos comunidades, así como ilustrar su unión contra el invasor.

Voces del Caribe

 Con varios poemarios y una exitosa obra de teatro a sus espaldas, la jamaicana Una Marson desarrollará en Londres una sensibilidad panafricana y dará un giro a su producción, al convertir el empoderamiento de las mujeres negras en el *leitmotiv* de esta. En 1933 publica su célebre poema «Nigger» en *The Keys*, revista vinculada con la League of Coloured Peoples, de la cual Marson formaba parte. En 1935 se convierte en la única mujer negra en asistir al Congreso de la Alianza Internacional de las Mujeres, que tiene lugar en Estambul, en la que hablará del racismo de Inglaterra y de la dificultad de la comunidad negra a la hora de alquilar una vivienda. Dos años más tarde publica *The Moth and The Star*, una recopilación de poemas como «Cinema Eyes», en el que da voz a una hipotética madre que se niega a que su hija vaya al cine. Aquella describe cómo Hollywood y su concepto de belleza, siempre blanco, puede generar el autorrechazo y la frustración física en las mujeres negras. Tras una destacada carrera como poeta y dramaturga, Marson se convertirá en productora de radio y dirigirá durante años el programa *Caribbean Voices*, una herramienta de difusión de las letras y la cultura caribeñas.

Alfombras rojas, piscinas blancas

 A pesar de su reconocimiento en forma de estatuilla —un Oscar en 1939—, el racismo de la década de 1930 hizo que a la actriz Hattie McDaniel se le recriminara el hecho de haberse encasillado en el personaje de criada, algo inevitable, pues este era el único papel que se ofrecía a las mujeres negras. Ella misma dijo: «Prefiero actuar de sirvienta y ganar setecientos dólares semanales que ser una sirvienta y ganar siete». Tras su fallecimiento en Los Ángeles, el cementerio principal de la ciudad rechazó que fuera enterrada allí, pues no estaba permitido que las personas negras fueran sepultadas junto a las blancas. Hubo que esperar quince años para que otra actriz negra volviera a ser nominada al Oscar; esta vez fue Dorothy Dandridge por su papel en *Carmen Jones* (1954). Dandridge triunfó en la medida en que la sociedad racista del momento lo permitió. Muy valorada por Otto Preminger, su carrera declinó tras ser sustituida por Elizabeth Taylor en Cleopatra. Debido a ello se dedicó a la canción para ganarse la vida. Contratada para cantar en un hotel, fue advertida de la prohibición de bañarse en la piscina de este. Como respuesta, Dandridge introdujo un pie en el agua, lo que provocó que se ordenara vaciar y

volver a llenar la piscina. Arruinada pese a su enorme talento, murió a los cuarenta y tres años tras ingerir una sobredosis de antidepresivos. Su vida fue llevada al cine en 1999 por HBO. Halle Berry, la actriz que la interpretó, recordó a Dandridge en su discurso de recogida del Oscar a la mejor actriz por *Monster's Ball* (2001).

El infierno de los frutos extraños

 Escrita por el profesor comunista Abel Meeropol, impresionado tras ver una fotografía del linchamiento de dos adolescentes negros —Thomas Shipp y Abram Smith— en Indiana, «Strange Fruit» fue en un principio un desgarrador poema, que comienza evocando el bucólico sur estadounidense y acaba retratando la terrible violencia ejercida contra la comunidad negra. La imagen de los cuerpos negros colgando de los árboles como extraños frutos se convirtió en un potente símbolo al servicio de los derechos civiles, y Billie Holiday se encargó de cantarla en cada café que la contrataba para actuar. Interpretada por una mujer dotada de una gran fuerza emocional como Holiday, «Strange Fruit» cobraba vida y causaba auténtico estupor entre el público. Gracias a la canción, el discurso sobre el horror que vivía la comunidad negra en los estados del sur abandonó la exclusividad de los periódicos para negros y golpeó a un Estados Unidos blanco que se entretenía en los cafés, mientras la mitad de sus conciudadanos eran masacrados. Pese a los extraordinarios logros conseguidos por el movimiento por los derechos civiles y el hecho de que un presidente negro ocupara la Casa Blanca, la discriminación racial sigue campando a sus anchas en Estados Unidos. Las muertes de los adolescentes Trayvon Martin, Michael Brown y Eric Garner pusieron en el centro de la atención mundial al movimiento Black Lives Matter, que se encarga de denunciar tanto las muertes de los ciudadanos afroamericanos a manos de la policía como la discriminación que sufre la comunidad negra en todos los ámbitos.

Las mujeres en la Segunda República española: tres instantáneas

14 de abril de 1931: instauración de la República

En la revista *Estampa* se afirma: «La nota más destacada y alegre en la instauración del nuevo régimen la han dado [...] las mujeres. Su juventud y su belleza, su exaltado entusiasmo han sido los que han puesto en la bandera tricolor las primeras confianzas». A pesar de las dificultades del gobierno Republicano, se toman las primeras medidas: ciertos empleos públicos se abren a las mujeres, que podían también ser elegidas representantes políticas. Se las incluye como miembros de jurados, aunque solo en juicios de violencia machista, y también se instaura un polémico seguro materno sufragado solo por otras mujeres trabajadoras. En el terreno conyugal, la mujer necesitaba consentimiento del marido para trabajar, pero su despido por matrimonio o maternidad se declaró ilegal. También se instauró el matrimonio civil y, en 1932, llegó el divorcio, convertido en un fenómeno minoritario. Uno de los grandes éxitos de la época fue la reducción del analfabetismo femenino.

1 de octubre de 1931: votación sobre el sufragio femenino

«¿Cómo puede decirse que cuando las mujeres den señales de vida por la República se les concederá como premio el derecho a votar? ¿Es que no han luchado las mujeres por la República?» La que hablaba en el Parlamento era la abogada Clara Campoamor, que se saltó la disciplina de su partido y luchó por conseguir el sufragio femenino. Su

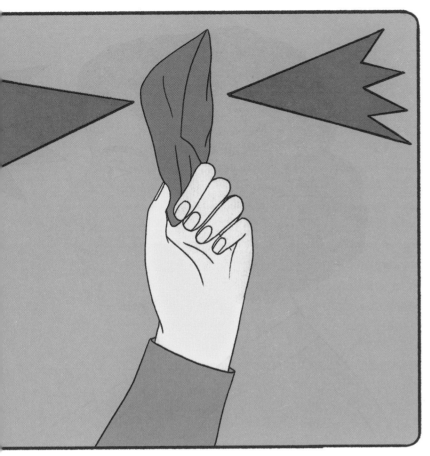

misión la enfrentó tanto con diputados varones como con compañeras, como Victoria Kent, que creía que las mujeres españolas se hallaban demasiado sometidas al poder eclesiástico y conyugal para ejercer el voto en libertad. Finalmente, en una reñida votación, las españolas alcanzaron el derecho al voto.

10 de julio de 1937: Guerra Civil

Relato de la revista anarcosindicalista *Mujeres Libres*: «Las maestras pelaban patatas, las enfermeras fregaban los suelos [...], las modistas cogían el fusil [...]. Había sonado una palabra: "¡Revolución!"». El golpe de Estado fascista, según la historiadora Mary Nash, altera, pero no subvierte, el papel de las mujeres en España. Así, aunque encontramos figuras como la de la miliciana politizada —con un ejemplo claro en Rosario la Dinamitera—, abundan tanto las mujeres que colaboran con la causa mediante labores tradicionalmente feminizadas como la figura tradicional de la madre que sufre en la retaguardia por la suerte del marido y la de los hijos y hace interminables colas provocadas por el racionamiento de alimentos. Una vez acabada la guerra, las mujeres republicanas, al igual que cualquier mujer sospechosa de disidencia, sufrirán la represión franquista, ya sea por su actividad política, como castigo por la lucha de sus hijos y maridos o simplemente por haber levantado los puños maldiciendo los aviones que surcaban el cielo cargados de bombas. Mujeres represaliadas que acabarán en el exilio, el paredón o el olvido.

Vampiresas y peleles

El arquetipo de la mujer mala que conduce a los hombres a la perdición se encuentra presente a lo largo de toda la cultura occidental: desde sus textos fundacionales, con las sirenas de la *Odisea* o la Salomé de la Biblia, hasta la versión contemporánea, con las numerosas *femmes fatales* que pueblan la literatura, el teatro y la pintura desde el siglo XIX.

En 1897, Philip Burne-Jones realiza una de sus pinturas más famosas, *La vampira*, en la que una mujer se yergue de forma abiertamente sexual sobre un hombre inconsciente; una agria referencia a su antigua amante, la actriz Patrick Campbell. Al hilo de este cuadro, uno de los familiares del pintor (Edward Burne-Jones), el escritor Rudyard Kipling, publicó su famoso poema «El vampiro», que, una vez convertido en obra de teatro, sentará las bases de la representación contemporánea de la *vamp*.

Aunque la primera vampira literaria fuese un personaje lésbico —la famosa Carmilla del cuento de Sheridan Le Fanu (1872)—, la *vamp* va a entrar en el siglo XX sin unas características sobrenaturales y con una naturaleza heterosexual depredadora. Una figura exótica que transgrede las normas de género y que actúa en el amor como un hombre, liberada ya de la reproducción y entregada al placer, hasta el punto de que seduce y despedaza a sus amantes, los convierte en peleles y destroza sus vidas familiares. La *vamp* encontró un espacio privilegiado en el metraje de nitrito del primer cine y cuando, en 1915, se estrenó una versión cinematográfica del poema de Kipling, su figura se puso de moda. La actriz que la protagonizó, Theda Bara, se convirtió en su mejor representante y, en una entrevista, explicó su visión del personaje: «La vampira que interpreto es la venganza de mi sexo contra sus explotadores. Quizá puedo tener la cara de una vampiresa, pero mi corazón es feminista». El éxito de *A Fool There Was* hizo que este tipo de películas se multiplicaran y que las actrices asociadas al rol *vamp* proliferasen con ejemplos como Pola Negri, Marlene Dietrich, Greta Garbo, Bette Davis y Joan Crawford.

La figura de la *vamp* nació en un momento en que los roles de género tradicionales estaban entrando en crisis con la aparición de la *new woman*, de la sufragista y, conforme avanzaba el siglo, de la *flapper*; sin embargo, aunque puede considerarse un arquetipo punitivo —fruto del miedo de los hombres a la independencia de las mujeres—, es también hija de la expansión imperial. Su figura racializada representa a la mujer como «lo otro», como un misterio amenazador, como una sexualidad desbocada que hay que refrenar. Aunque goce de cierto poder,

«La vampira que interpreto es la venganza de mi sexo contra sus explotadores. Quizá puedo tener la cara de una vampiresa, pero mi corazón es feminista.»

muchas veces este es únicamente sexual y está basado en enfrentarse a otras mujeres, como a las pacientes esposas de sus víctimas. En las décadas de 1930 y de 1940, la figura de la *vamp* evoluciona hasta convertirse en la mujer fálica del cine negro: aquella que se apropia de atributos masculinos, como la autoridad, la ambición o la capacidad de engañar y cuyo símbolo más característico será la pistola escondida en el bolso, al estilo de la protagonista de *Perdición* (*Double Indemnity*, de Billy Wilder, 1944). En este tipo de relatos, la capacidad de tomar decisiones de la *vamp* siempre acaba en el callejón sin salida de un final moralista y suele recibir un duro castigo.

Virginia Woolf y el cuarto propio mutante

En 1928, la escritora británica Virginia Woolf, ya reconocida por su célebre *La señora Dalloway* (1925), ofrece una serie de conferencias en los *colleges* femeninos Newnham y Girton, ambos pertenecientes a la Universidad de Cambridge. En sus intervenciones, Woolf reflexiona sobre las dificultades inherentes al ejercicio de la escritura en el caso de las mujeres y sitúa como requisito imprescindible para dedicarse a esta el hecho de poseer de un «cuarto propio», un espacio privado en el que poder entregarse a la creación de forma exclusiva. La existencia de un «cuarto propio» implicaba, por supuesto, la de la independencia económica, algo casi inalcanzable para las mujeres de la época, cuya economía, en general, dependía de maridos sin gran interés en procurar a sus esposas un «cuarto propio» —pese a que casi con total seguridad ellos disfrutarían de un despacho.

Woolf tomó como punto de partida para sus conferencias la importancia del acceso de las mujeres a la educación y describió la vida ficticia, pero realista, de un personaje creado por ella, Judith Shakespeare: una joven con la misma capacidad que su célebre hermano a la que se le habrían negado educación, libertad e independencia y que habría pasado de la tutela del padre a la del marido. De este modo, Woolf ponía de manifiesto la imposibilidad del descubrimiento y del desarrollo de cualquier talento en las mujeres debido a los condicionantes a los que, desde la infancia, se veían expuestas.

El concepto de «cuarto propio» como espacio para la creatividad de la mujer se ha convertido en una referencia muy presente en el feminismo desde la publicación de las conferencias de Woolf en 1936. En la cultura popular, llevan su nombre numerosas secciones literarias de publicaciones y blogs feministas —en el caso de la web La Tribu de Frida, muestra los «cuartos propios» de distintas autoras—; además de locales como la librería feminista y LGBTIQ

A Room of One's Own, de Wisconsin, el personaje de Woolf es homenajeada por la banda británica The Smiths en «Shakespeare's Sister».

Como suele suceder en el ámbito de los feminismos, siempre en constante evolución y con un afán revisionista sobre sus propios textos, *Un cuarto propio* ha sufrido las críticas de numerosas voces y plumas feministas. Gloria Anzaldúa, estudiosa y activista chicana, señala en su artículo «Speaking in Tongues. A Letter to 3rd World Women Writers»: «Olvida el cuarto propio. Escribe en la cocina, encerrada en el baño. Escribe en el autobús o en la fila de espera de la beneficencia, o en el trabajo, durante las comidas [...]. Imposibles los largos estiramientos ante la máquina de escribir, a menos que seas rica [...] —a lo mejor, ni siquiera tienes una máquina de escribir».

En el texto, Anzaldúa critica el limitado alcance del sujeto para el que escribe Woolf —la mujer blanca universitaria— y pone sobre la mesa las problemáticas de colectivos de mujeres doblemente oprimidos —como las migrantes o las empobrecidas—, cuyos «cuartos propios» son mucho más complejos de alcanzar y para las que la educación y la escritura pueden ser un lujo o, sencillamente, algo imposible de conseguir.

Acercando el «cuarto propio» a la posmodernidad y a las dinámicas de la era de internet, la estudiosa feminista Remedios Zafra publicó, en 2010, un celebrado ensayo titulado *Un cuarto propio conectado. (Ciber) espacio y (auto) gestión del yo*. En la obra, Zafra subvierte el carácter aislado del «cuarto propio» mediante el acceso a las redes: el «cuarto propio» privado se transforma en un cuarto con una gran ventana al mundo y a lo colectivo.

Una muestra clara de la influencia de Woolf y, al mismo tiempo, de las mutantes circunstancias y necesidades de las mujeres creadoras y de los feminismos que, en consecuencia, se articulan.

1940

1941 La actriz e inventora austríaca **Hedy Lamarr** patenta un sistema de comunicación secreto, la «técnica de la transmisión en el espectro ensanchado», destinado a servir a los aliados en la lucha contra Hitler. Además de adelantar lo que hoy conocemos como wifi y de escapar en un ferry de un opresivo marido que la tenía medio esclavizada, Lamarr dijo esta conocida frase: «Cualquier chica puede ser glamurosa. Todo lo que tienes que hacer es quedarte quieta y parecer estúpida».

1942 La líder sufragista checa **Františka Plamínková** es ejecutada por los nazis en el campo de concentración de Theresienstadt.

1943 **Lakshmi Sahgal** se convierte en ministra de Asuntos de la Mujer en Azad Hind (India Libre), un Gobierno provisional, cuyo principal objetivo era lograr la independencia del Imperio británico. Durante la Segunda Guerra Mundial, Lakshmi combatió en el regimiento Rani de Jhansi, femenino, cuya misión era el derrocamiento del Raj británico.

1943 **Sophie Scholl** es ejecutada junto a su hermano y el resto de los integrantes de la Rosa Blanca, un colectivo clandestino que surge en 1942 en la Universidad de Munich.

1945 La fotoperiodista **Margaret Bourke-White**, célebre por sus imágenes de edificios neoyorquinos, se convierte en testigo de excepción del colapso del régimen nazi. Sus fotografías del campo de concentración de Buchenwald servirán para dar a conocer los horrores de la guerra.

1946 **Irène Joliot-Curie**, hija de madame Curie, es directora del Institut du Radium, donde profundiza en sus estudios sobre energía nuclear. Irène, que se consideraba antifascista, pacifista y feminista, había ganado junto con su marido, Frédéric Joliot, el Premio Nobel de Química de 1935; se convertía así en la segunda mujer, tras su madre, en conseguir ese galardón.

1943 Durante la ocupación alemana, **Marie-Louise Giraud**, una ama de casa obrera, se convierte en la última mujer en ser guillotinada en Francia acusada de practicar abortos clandestinos. La Segunda Guerra Mundial y la crisis económica previa habían disparado estas intervenciones, que el Gobierno colaboracionista de Vichy equiparó con el delito de traición al Estado y que castigó con la pena capital.

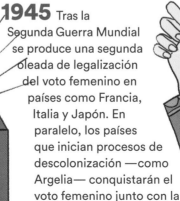

1945 Tras la Segunda Guerra Mundial se produce una segunda oleada de legalización del voto femenino en países como Francia, Italia y Japón. En paralelo, los países que inician procesos de descolonización —como Argelia— conquistarán el voto femenino junto con la independencia.

1942 La escritora china **Dīng Ling**, famosa por sus heroínas fuertes, publica *San ba jie you gan* («Pensamientos sobre el 8 de marzo») en plena Revolución comunista.

1943 **Maya Deren** estrena *Meshes of the Afternoon*, considerada una de las películas de vanguardia más influyentes de la historia del cine.

1942 **Howard Miller** crea la imagen de Rosita la Remachadora (con el eslogan «We Can Do It!» [«¡Podemos hacerlo!»]) para movilizar a las mujeres de Estados Unidos durante la Segunda Guerra Mundial.

1948 Una vez reinstaurados los Juegos Olímpicos, la corredora holandesa **Fanny Blankers-Koen** se convierte en la primera mujer en ganar cuatro medallas en la historia de la competición. Fanny, que tenía entonces treinta años y dos hijos, fue declarada por la prensa «demasiado mayor para competir». Tras su victoria fue calificada en titulares como «El ama de casa voladora».

1949 **Virginia Agpar** se convierte en la primera profesora titular de Harvard, donde realizará numerosos progresos en el campo de la obstetricia y de la salud pediátrica.

1949 Se empiezan a traducir al polaco los textos de la poeta romaní **Bronisława Wajs**.

1947 **Simin Daneshvar** logra ser la primera mujer siria que, con su colección de relatos breves *Atash-e jamush* («Fuego apagado»), consigue publicar. Su novela *Savushun*, que narra la ocupación de Irán durante la Segunda Guerra Mundial, será la primera novela publicada por una mujer en el país y todo un superventas.

1950

Década de 1940

Madre del sufragismo y heroína de la resistencia

Plamínková es una figura clave de la lucha por la liberación de la mujer en el Imperio austrohúngaro. Su relación con el feminismo, del cual fue pionera en su país, comenzó a raíz de su indignación ante la ley que prohibía el matrimonio a las maestras. Una vez que Checoslovaquia (actual Chequia) alcanzó la independencia tras la Primera Guerra Mundial, ocupó distintos cargos en el Gobierno y en organizaciones feministas, desde las que presionó para mejorar las condiciones de los hijos ilegítimos, para acabar con el protagonismo legal del padre y para implantar el divorcio. Su historia es la de una incansable luchadora que batalló por lograr el sufragio femenino y por defender a las mujeres de la precariedad provocada por la Gran Depresión; la de una mujer que, en un momento crítico para su país, como el de la ocupación nazi, decidió permanecer donde creyó ser más útil, pese a que esto último le costara la vida.

Rosita la Remachadora

La historia de Rosie the Riveter, uno de los iconos femeninos más populares del siglo XX, es la de la movilización de las mujeres en la retaguardia durante la Segunda Guerra Mundial. Creada en un principio por J. Howard Miller en 1942 con el lema «We Can Do It» («¡Podemos hacerlo!»), se vinculó con una canción de Redd Evans y John Jacob Loeb titulada «Rosie the Riveter», que hablaba de las mujeres que suplían la demanda de trabajo en la industria de guerra estadounidense y que afirmaba: «Rosie está protegiendo a su novio Charlie con su máquina de remachar». Gracias a su ropa de obrera, a su musculatura y a su bandana roja —que evitaba que las largas melenas al estilo de la década de 1940 produjeran accidentes en la cadena de montaje—, Rosie se convirtió en la viva imagen de la fuerza productiva femenina en tiempos de guerra. Pese a su glamur, la temporalidad del trabajo industrial para mujeres —reducida a los años de la guerra— hizo que su imagen cayera en el olvido. En la década de 1990 fue rescatada para servir de icono del movimiento feminista de Estados Unidos y todavía hoy aparece en camisetas, en tazas y en el *merchandising* de la cultura popular.

Dīng Líng: revolución y feminismo

Considerada una de las escritoras chinas más importantes del siglo XX, en la obra de Dīng Líng podemos ver cómo el feminismo, visto desde China como una doctrina individualista y occidental, entra en conflicto tanto con los valores colectivos del comunismo como con los valores tradicionales religiosos. Dīng Líng escribirá textos tan incómodos como *San ba jie you gan* («Pensamientos sobre el 8 de marzo») en el que, frente a los deseos de igualdad de género de los primeros años de la Revolución —resumidos en la frase «Las mujeres sujetan la mitad del cielo»—, criticó que se dejara una gran parte del peso de la rebelión en las mujeres sin mejorar sus condiciones de vida y esperando que estas se ajustaran a la tradición. En 1951 ganó el premio Stalin de literatura por su novela *El sol brilla sobre el río Sangkan* y comenzó su inestable relación con el aparato del partido, que incluso provocó su encarcelamiento durante la Revolución Cultural china (1966-1976).

La defensa del ser humano

 A los miembros del grupo clandestino la Rosa Blanca los unía su interés por el arte y la filosofía, su fe cristiana —enfocada siempre en el respeto hacia el ser humano—, su juventud y un objetivo muy concreto: unir a la ciudadanía alemana contra el nazismo. La Rosa Blanca llevó a cabo una valiente defensa de la paz, que en un principio cristalizó en envíos masivos de folletos por correo postal. En estos hablaban de la necesidad de una Europa justa, libre y solidaria, una reivindicación que tenía su origen en la experiencia de los hombres de la Rosa Blanca en los frentes francés y ruso, a los que habían sido enviados al comienzo de la guerra. En 1943, su actividad como grupo se volvió más temeraria y empezaron a repartir folletos en la propia Universidad de Munich. Sophie Scholl, que se había ofrecido como voluntaria por creer que su imagen aniñada no resultaría sospechosa, fue descubierta por un bedel —miembro del partido nazi— mientras lanzaba folletos desde la escalera de la facultad. Tras la denuncia de aquel, todo el grupo fue arrestado y decapitado en la guillotina. Una vez terminada la guerra, se convirtieron en un símbolo del idealismo y de inquebrantable resistencia frente al avance del fascismo.

La narradora del genocidio gitano

 La historia de la poeta romaní Bronisława Wajs, conocida como Papusza, es la de una mujer cuyo enorme talento se vio afectado tanto por su carisma como por las muchas dificultades a las que debió enfrentarse. Perteneciente a un clan nómada de arpistas, venció su analfabetismo mediante el trueque de comida por lecciones. A pesar de hallarse atrapada en un mal matrimonio, Wajs utilizó su voz y su poesía para narrar la historia de su pueblo, víctima histórica de la persecución y el genocidio. Su poema «Ratfale jasfa» habla de cómo la comunidad romaní se refugió en los bosques para huir de la ocupación nazi de Polonia, durante la cual serían asesinados unos treinta y cinco mil gitanos de una comunidad de cincuenta mil. En 1949, el poeta Jerzy Ficowski tradujo sus poemas del romaní al polaco. Tras su publicación, estos alcanzaron cierto reconocimiento, que se volvió en contra de Papusza cuando, en 1950, el Gobierno comunista inició una campaña contra la vida nómada romaní. Acusada de traición por su propia comunidad, Wajs culpó a su editor de labrar su fama a costa de sus poemas y pasó el resto de su vida aislada del mundo.

La obstinada señora Agpar

 Todas las historias de mujeres que lograron cambiar el mundo poseen un punto en común: su gran obstinación ante una sociedad que las desanima constantemente, como es el caso de Virginia Agpar. Hija de un vendedor de coches y con aficiones científicas desde pequeña, Agpar realizó muy variados trabajos para pagar sus estudios de Medicina durante la Gran Depresión. Sin embargo, sus sueños de convertirse en cirujana se fueron al traste debido al hecho de ser esta una profesión monopolizada por los hombres, lo que la persuadiría para formarse como anestesista (algo que le daría la oportunidad de presenciar muchos partos). En 1953 publicó el famoso test Agpar que permitía ofrecer una primera valoración de los recién nacidos, basándose en parámetros como el pulso, la respiración o la apariencia, y establecer protocolos de actuación que fueron adoptados muy pronto en todo el mundo. Lejos de detenerse ahí, Virginia Agpar decidió, a una edad avanzada, dirigir el rumbo de su trabajo hacia la detección de malformaciones. Fiel defensora durante toda su vida de la igualdad salarial, todavía se dice que cada neonato es visto primero con los ojos de la señora Agpar.

Simone de Beauvoir: llegar a ser la otra

«No se nace mujer, se llega a serlo.» Esta idea de la filósofa francesa Simone de Beauvoir, incluida en su libro *El segundo sexo* (1949), se ha convertido en una piedra angular del feminismo contemporáneo, pero ¿por qué resulta tan importante? Simone de Beauvoir analiza en su ensayo toda una serie de discursos realizados sobre las mujeres y llega a la conclusión de que siempre son el reflejo de intereses masculinos. A menudo, sus argumentos relegan a las mujeres a una posición inferior sobre la base de sus características biológicas. Frente a estas aseveraciones, afirma que la condición «mujer» es algo construido, una identidad que se adquiere. Aunque no utiliza en *El segundo sexo* el término «género», el modo en que describe la categoría «mujer» deja claro el peso de lo cultural. Esta idea tiene enormes consecuencias para el pensamiento feminista actual, pues declara que las diferencias físicas biológicas (el «sexo») no están ligadas a valores o funciones sociales (el «género»).* La biología, por lo tanto, no marca el destino de las mujeres, y cualquier expresión de género —por ejemplo, ser femenina— no es natural, sino cultural.

La segunda parte de la frase plantea otra interesante pregunta: ¿cómo se llega a ser mujer? Simone de Beauvoir explica que no existe ninguna naturale-

---

* De esta separación entre características biológicas e identidad de género surge la crítica feminista a un determinismo biológico que, en sus múltiples manifestaciones, posee implicaciones tránsfobas, ya que niega a las mujeres transgénero su pertenencia a la categoría «mujer».

za o esencia femenina previa. La categoría «mujer» se ha construido culturalmente, en especial mediante la diferencia con respecto a los hombres; la mujer es «lo otro», aquello que no es «hombre», y este sería el referente con el que todo lo demás se compara. «La humanidad es macho y el hombre define a la mujer no en sí misma, sino con relación a él; no la considera como un ser autónomo». Simone de Beauvoir, más interesada en analizar el poder que las identidades de género, también relata cuál ha sido el proceso por el que se ha relegado a la mujer a esa posición secundaria. Para la autora, la capacidad de engendrar hijos habría situado a la mujer en el ámbito de lo privado y habría dejado mucha mayor libertad a los hombres para, por ejemplo, fundar sistemas políticos o de pensamiento que habrían confinado a las mujeres a su papel de madres y de espo-

sas y que habrían legitimado una estricta separación social. A lo largo de la historia, el hombre habría creado todos los discursos que definen a la mujer como algo extraño y habría forzado su adaptación a un mundo patriarcal. En definitiva, el hombre sería la norma, lo universal y lo positivo, y la mujer, la desviación de la norma, lo excepcional y lo negativo.

El segundo sexo, escrito en un momento en el que las francesas no tenían libre acceso al aborto y en el que la mayoría de los partidos seguían políticas natalistas, exhortaba a las mujeres a no adoptar lo que consideraba los caminos fáciles del matrimonio o de la maternidad. Para Simone de Beauvoir, las mujeres son seres morales, libres y responsables, que deben luchar por la autonomía económica y por la organización colectiva con el fin de cambiar esa historia opresiva de más de mil años.

Mujeres para Dios, la patria y el hogar

«Todos los días deberíamos dar gracias a Dios por habernos privado a la mayoría de las mujeres del don de la palabra, porque, si lo tuviéramos, quién sabe si caeríamos en la vanidad de exhibirlo en las plazas.»

Esta frase, pronunciada por Pilar Primo de Rivera —dirigente de la Sección Femenina de la Falange Española—, resume el concepto de mujer que se impuso en el país durante la dictadura franquista. No solo se consideraba que las mujeres eran inferiores al hombre en cuanto a inteligencia, sino que esta idea debía ser abrazada y celebrada por las propias mujeres, que, en consecuencia, se apartarían, por voluntad propia y alegremente, del espacio y la voz pública.

Concluida la Guerra Civil, en 1939, la represión de las mujeres se implantó como uno de los pilares sobre los que se asentaría la nueva sociedad franquista. Las represalias contra aquellas mujeres que habían formado parte del bando republicano fueron extremadamente duras, y su castigo, doble: no solo se las condenaba por haber sumado fuerzas al enemigo, sino por haber transgredido la feminidad tradicional. A las mujeres republicanas, que habían conquistado el voto y que ansiaban la liberación de su género, se las vejaba en público: eran obligadas a ingerir aceite de ricino, que provocaba dolorosas diarreas, se les afeitaba la cabeza y se las paseaba, ante la mirada de sus vecinos, sucias y humilladas. Y, en este intento por arrebatarles todo lo que los sublevados consideraban asociado a la feminidad, se las privó incluso de sus propios hijos, que fueron entregados a familias fascistas. La madrileña cárcel de mujeres de Ventas —creada por Victoria Kent como ejemplo para el resto de España— y la Modelo barcelonesa acabaron convertidas pronto en grandes almacenes de reclusas, con presas amontonadas en los pasillos, en las escaleras y en los baños. En Ventas, la absoluta falta de higiene, la comida en mal estado y las infecciones se sumaban a la desesperación de oír cómo eran fusiladas sus compañeras en el cercano cementerio del Este.

Las que quedaron en libertad vieron con sus propios ojos cómo la maquinaria franquista avanzaba como una apisonadora y aplastaba cada brote de emancipación femenina que había germinado durante la Segunda República, una tarea en la que la Sección Femenina tuvo un destacadísimo papel. Creada en 1934 por Pilar Primo de Rivera —hermana del fundador de la Falange—, la Sección Femenina se encargó de imponer un modelo de feminidad que, en sus palabras, «miraría hacia el hogar, mientras los hombres mirarían al mundo». Para complementar la imposición ideológica de la Sección Femenina, las reformas legales se encargaron de dejar a las mujeres en una situación de total sumisión: se les prohibió abandonar el hogar paterno antes de los veinticinco años, salvo para contraer matrimonio; se condenó el adulterio femenino, así como los métodos de anticoncepción y el aborto; su aprendizaje se limitó a las tareas del hogar y al cuidado del marido y de los hijos, y se las apartó de la vida pública.

Tras la Guerra Civil, la represión de las mujeres se implantó como uno de los pilares de la nueva sociedad franquista.

Esta extirpación sin anestesia de todo lo conquistado no supuso, sin embargo, el fin de la voluntad de las mujeres. Tras la muerte del dictador, las españolas volvieron con fuerza al proyecto feminista y dejaron muy clara la imposibilidad de eliminar sus deseos de emancipación y de libertad.

Claude Cahun: arte experimental y resistencia antifascista

En 1940, los soldados alemanes que habitan la isla de Jersey, única zona inglesa ocupada por Hitler, comienzan a preocuparse: un soldado anónimo les informa, mediante panfletos escondidos en cajetillas de tabaco y dispuestos en los parabrisas de sus coches, de la inminente derrota del ejército alemán. Las notas aparecen de forma continuada y son dejadas por una mano invisible que también se encarga de remover la conciencia de los soldados por medio de acciones como la instalación de una gran manta en un cementerio local en la que puede leerse: «Jesús murió por los hombres; los hombres, por Hitler».

Al cabo de cuatro años, tras una larga y desconcertante operación de búsqueda, el hiperproductivo y misterioso soldado anónimo es por fin atrapado por los nazis. Tiene dos cabezas, cuatro brazos y cuatro piernas: se trata de la pareja formada por Lucy Schwob y Suzanne Malherbe, que son conocidas y se llaman a sí mismas Claude Cahun y Marcel Moore. Schwob ve la luz por primera vez en 1894, en Nantes, en el seno de una acomodada familia de escritores e intelectuales. A los quince años, en el liceo, conoce a la que será su amante y compañera de vida y producción artística, la también judía Suzanne Malherbe. Tras estudiar Filosofía y Bellas Artes, respectivamente, ambas se mudan a París, donde Schwob se convierte en una de las personalidades más experimentales de la vanguardia, firma uno de los manifiestos surrealistas y se codea con Man Ray, André Breton y las llamadas «mujeres de la Rive Gauche»: escritoras, editoras y artistas emigradas que animaban la vida cultural del París de entreguerras, con frecuencia con un toque subversivo como el del salón lésbico dirigido por la poeta Natalie Clifford Barney.

Ya en París, Schwob y Malherbe adoptaron los nombres masculinos de Claude Cahun y Marcel Moore, una elección que se complementaba a la perfección con el constante juego de identidades de Cahun, que no se reconocía ni como mujer ni como hombre, sino que asumía su pertenencia a un género alternativo, neutro y mutante. En sus fotografías, Cahun se autorretrataba mediante una diversidad de atuendos y puestas en escena totalmente multiformes, fruto de su afición por el teatro y de su deseo de indagar sobre el género como máscara y sobre la identidad como acción performativa y, en consecuencia, permeable a juegos, disidencias y disrupciones. Su fotografía, unida a sus colaboraciones como actriz con la compañía teatral Le Plateau y sus artículos en el *Mercure de France* y en *Vues et Visions*, convierten a Cahun en una de las personalidades artísticas más interdisciplinares del momento. Su naturaleza, tremendamente creativa y experimental, es también parte intrínseca de su faceta como activista política.

Una vez instaladas en la isla de Jersey, lugar de vacaciones de la burguesía de Nantes, las intenciones de la pareja de escapar del avance nazi se ven frustradas. Tras la ocupación de la isla, ambas deciden quedarse y luchar, armadas solo con un ingenio tan brillante como oscuras son las consignas de los invasores. Tras casi un lustro de acciones de resistencia, Cahun y Malherbe son atrapadas y condenadas a muerte, castigo del que se librarán gracias a la pronta liberación de la isla de Jersey.

Ya en París, Schwob y Malherbe adoptaron los nombres masculinos de Claude Cahun y Marcel Moore, una elección que se complementaba a la perfección con el constante juego identitario de Cahun.

1950

1951 Las mujeres argentinas adquieren el derecho al voto tras una entusiasta campaña fomentada por Eva Perón, antigua estrella de radio y teatro y mujer del presidente Juan Domingo Perón.

1953 Alfred Kinsey publica un famoso estudio sobre sexualidad femenina que sirvió para debatir por primera vez sobre temas como el orgasmo femenino, la homosexualidad o la bisexualidad.

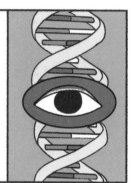

1952 Rosalind Franklin toma la primera imagen del ADN, que se convertirá en una pieza fundamental para el conocimiento sobre este.

1955 Se funda en San Francisco **The Daughters of Bilitis**, la primera organización lésbica estadounidense de ámbito nacional. De carácter reformista y enfocada hacia la búsqueda de la integración en la sociedad heterosexual, esta asociación se formó en medio del llamado «terror lila», cuando el senador Joseph McCarthy inició la caza de brujas de empleados públicos gais y lesbianas.

1953 El 7 de noviembre de ese año, la abogada gaditana **Mercedes Formica** publica en *Abc* el polémico artículo «El domicilio conyugal», en el que relata el asesinato machista de Antonia Pernia Obrador.

1953 La aviadora estadounidense **Jacqueline Cochran** es la primera piloto en romper la barrera del sonido. Mujer emprendedora y afín al Partido Republicano (¡ups!), utilizó sus dotes de aviadora para vender su línea de cosméticos y enseñar a pilotar a mujeres durante la Segunda Guerra Mundial. Recordada como la Reina de la Velocidad, a su muerte ningún piloto había superado sus récords de distancia, altitud y velocidad.

1953 La tenaz directora japonesa **Kinuyo Tanaka** estrena la película *Koibumi* («Carta de amor»), presentada ese año en el Festival de Cine de Cannes. Tanaka, que tenía una larga trayectoria como actriz de películas, luchó por ganarse su puesto de directora en una industria machista, para lo que no dudó en romper, por ejemplo, su relación profesional con el absorbente director Kenji Mizoguchi.

1951 La filósofa y activista egipcia **Doria Shafik** irrumpe con mil quinientas mujeres en el Parlamento para solicitar el derecho al voto y la igualdad salarial. Tres años más tarde, Shafik iniciará una huelga de hambre para protestar por la falta de mujeres en el recién creado comité constitucional. Ya en 1956, Egipto reconocerá el derecho al voto de la mujer.

1951 La mayoría de los países que integran la Organización Internacional del Trabajo (OIT) firman la Equal Remuneration Convention, un acuerdo destinado a la eliminación de la brecha salarial entre hombres y mujeres, con la promesa de poner en práctica políticas nacionales para conseguirlo. A día de hoy, la igualdad salarial parece todavía un objetivo muy difícil de alcanzar.

1952 Christine Jorgensen se convierte en la primera estadounidense que anuncia públicamente haberse sometido a una operación de reasignación de sexo, lo que la convierte en una celebridad a escala mundial. Jorgensen aprovechó la publicidad, así como la curiosidad que despertó su vida, para defender los derechos de las personas *trans*.

1951 Después de una investigación de diez años, la filósofa alemana de origen judío **Hannah Arendt** publica *Los orígenes del totalitarismo*, en el que analiza las raíces históricas e ideológicas de los principales regímenes totalitarios del siglo XX, como el racismo y el imperialismo.

1959 Intentando cubrir un nicho en el mercado de juguetes, el de las muñecas adultas destinadas a niñas, el matrimonio Ruth y Elliot Handler presentan al mundo una de las más amadas y odiadas de la historia, la muñeca **Barbie**.

1959 **Ruth Weiss**, una poeta de origen alemán afincada en San Francisco, publica su obra *Gallery of Women*, una recopilación que homenajea a diferentes escritoras por medio de la pintura y de la poesía. Ruth Weiss fue una de las poetas olvidadas de la generación *beat*, junto con Elise Cowen o Diane di Prima.

1956 En Pretoria, Sudáfrica, veinte mil mujeres se manifiestan para acabar con las políticas racistas del *apartheid*, instauradas a partir de 1948 (en particular contra el pasaporte para los desplazamientos en el interior del país destinado a regular la segregación). La manifestación fue un éxito absoluto y el canto más popular de la marcha, «¡Cuando chocas contra una mujer, chocas contra una roca!», se convirtió en el lema del movimiento de liberación de la mujer sudafricana.

1959 Después de independizarse y en parte como reconocimiento por el protagonismo de las mujeres en la lucha anticolonial, Vietnam aprueba la Ley de la Familia y el Matrimonio. Esta última acababa con la poligamia, una de las luchas del feminismo en el Sudeste Asiático, pero también con los matrimonios concertados, lo que permitía la libre elección de cónyuge.

1960

Década de 1950

Eva Perón y la lucha por los derechos de las mujeres

Ya en 1946, tras la victoria electoral de su marido, Eva Perón había exigido en su primer discurso político la igualdad jurídica entre hombres y mujeres y había hecho un gran hincapié en la necesidad de implantar el sufragio universal. En 1951, cuando se celebraron las primeras elecciones generales abiertas al voto de las mujeres, Eva Perón fue propuesta como candidata a la vicepresidencia por la Confederación General del Trabajo (CGT). Pese a los grandes apoyos con los que contaba entre las clases populares y entre los sindicatos, Eva Perón renunció entre lágrimas a la candidatura ante los cientos de argentinos que se agolpaban bajo su balcón, debido al cáncer de cuello de útero que se le había diagnosticado hacía poco.

La foto 41

Rosalind Franklin fue la responsable de la investigación en la que, utilizando una técnica de rayos X, se consiguió la famosa foto 41, crucial para el desarrollo de las imágenes de doble hélice que hoy asociamos con las cadenas de ADN. Este descubrimiento, como la gran mayoría de los avances científicos, fue producto de un esfuerzo colectivo en el que el papel de las mujeres siempre ha sido menospreciado. En la concesión del Premio Nobel de Fisiología y Medicina de 1962, otorgado al resto los de los científicos implicados, ni siquiera se mencionó a Franklin. Uno de ellos, James D. Watson, escribió unas memorias sobre la investigación en las que subrayaba su propio protagonismo y despreciaba la labor llevada a cabo por Franklin. Frente a estas afirmaciones, las personas de su entorno y sus biógrafas han destacado la difícil posición de las mujeres en la ciencia, sobre todo en esa década de 1960, y los grandes méritos de Franklin como investigadora.

El estudio Kinsey

Hoy resulta difícil imaginar el tremendo escándalo y la repercusión que tuvo el estudio sobre sexualidad femenina del sexólogo Alfred Kinsey en la cultura anglosajona de la década de 1950. Después de haber publicado, en 1948, un polémico estudio sobre la sexualidad masculina, Kinsey entrevistó a unas seis mil mujeres estadounidenses y sacó a la luz pública una serie de prácticas que contradecían la moral de la época, como las relaciones prematrimoniales, la masturbación y las prácticas homosexuales. El estudio provocó un gran revuelo mediático y sirvió para que, por primera vez, se debatieran asuntos como el mito del orgasmo vaginal o la homosexualidad, lo que señalaría cierta apertura en el diálogo sobre la sexualidad femenina. El mismo año en que aparece este estudio, 1953, se produce otro hito, esta vez vinculado con la explotación comercial y con la pornografía: se publica el primer número de la revista *Playboy* con Marilyn Monroe desnuda en portada. Poco a poco, la cultura popular se va impregnando de representaciones del deseo femenino. En 1962, Helen Gurley Brown, futura directora de *Cosmopolitan*, publica una mezcla de biografía y libro de consejos para mujeres solteras con el sugerente título de *Sex and the Single Girl*. Las investigaciones sobre la sexualidad femenina tendrán su continuación en los diferentes estudios de la sexóloga feminista Shere Hite en la década de 1970.

Mercedes Formica y el caso Pernia

«En un hospital madrileño agoniza una mujer, víctima de doce cuchilladas.» Así empezaba el famoso artículo que, después de tres meses retenido por la censura, se publicaba el 7 de noviembre de 1953 en el periódico *Abc* con la firma de la abogada y escritora Mercedes Formica. En el artículo, Formica trataba el caso de una mujer, amenazada en público por su marido, que se negó a abandonar el domicilio en el que residía junto a este, ya que, legalmente, si una mujer abandonaba su casa, podía perder todos sus bienes. Por ley, la titularidad del inmueble recaía siempre en el marido, y si la mujer se separaba, debía ser «depositada» en otro domicilio, a ser posible el de los padres. Además, la escasez de vivienda que existía en la España del momento hacía que muchas mujeres aguantaran situaciones de maltrato. Mercedes Formica, falangista y una de las tres mujeres abogadas que ejercían en la década de 1950 en España, inició una campaña, denominada en broma «la Reformica», para que las residencias matrimoniales pasaran de ser consideradas «la casa del marido» a constituir el «domicilio conyugal» y para que, en casos de violencia machista, dicho domicilio quedara en manos de la mujer.

Ruth Weiss, otra poeta olvidada

De origen alemán y judío, la infancia de Weiss transcurrió junto a su familia entre continuas mudanzas para tratar de escapar de la expansión del nazismo. Tras instalarse en Suiza, Weiss se aficionó a hacer autostop y comenzó a escribir, lo que la convertiría en una de esas figuras bohemias que tan idolatradas serían después por los *beatniks* estadounidenses. En 1948 se trasladó a una casa comunitaria de artistas

en Chicago y comenzó a experimentar con la poesía y con la música. Una vez en San Francisco, centro neurálgico de los *beats*, entabló amistad con los escritores Jack Kerouac y Neal Cassady y empezó a frecuentar de forma habitual el Cellar, un local en el que distintos poetas daban a conocer sus textos y en el que Weiss los remezclaba al son del jazz, una práctica que se puso muy de moda entre los artistas de la época y que se asocia por error con los *beatniks*, pues su verdadero origen se encuentra en el renacimiento de Harlem y en poetas afroamericanos como Langston Hughes.

Furor Barbie

Aunque no era la primera vez que una muñeca presentaba una apariencia adulta, en vez de infantil, la llegada de Barbie a las tiendas, en 1959, dio un giro radical a la industria juguetera para niñas, que abandonaron sus muñecos con forma de bebé y abrazaron los miles de complementos de la mujer moderna. Barbie, inspirada en un personaje alemán de cómic para adultos, fue comercializada por Mattel en un contexto muy concreto: el de la próspera posguerra estadounidense y su alta tasa de natalidad. En las décadas siguientes, Barbie se adaptó para seguir las modas adolescentes, perdió la coleta y el maquillaje y adquirió un novio accesorio: Ken. Barbie consiguió convertirse en astronauta en 1965, mientras el feminismo triunfaba, y, a partir de la década de 1970, con el abaratamiento de la producción juguetera, se puso de manifiesto un cambio cultural en las muñecas, que pasaron de ser un precioso objeto que las niñas debían cuidar a constituir un objeto banal con el que jugar en cualquier parte. Criticada por sus medidas irreales, Barbie, que ha sido definida por Catherine Driscoll como «un juego en el que las niñas experimentan con las expectativas de su género», siempre ha reflejado los éxitos y fracasos del feminismo neoliberal.

La mística de la feminidad
o «el mal que carece de nombre»

En 1963, la periodista y activista Betty Friedan publica *La mística de la feminidad*, en el que analiza un fenómeno social que ocurrió en el ámbito anglosajón desde 1945 hasta finales de la década de 1950 y que tuvo importantes implicaciones culturales: la desmovilización de las mujeres tras la Segunda Guerra Mundial. En 1941, tras los ataques de Pearl Harbor, Estados Unidos entra en la contienda mundial, y el hecho de que los hombres marcharan al frente hizo que se precisara mano de obra femenina, demanda que se reflejó en la publicidad. Durante el conflicto, seis millones de mujeres se sumaron a las que ya trabajaban, hasta alcanzar la cifra, en julio de 1944, de diecinueve millones. La mayoría de ellas eran madres, que, por primera vez, superaban a las solteras en el mercado, y un tercio tenían hijos menores de catorce años, tal como Hollywood, que por aquellas décadas creaba cientos de películas para esas trabajadoras, lo reflejó: la década de 1940 fue la época dorada del melodrama materno en la meca del cine.

Las encuestas realizadas al final de la contienda revelaron que la mayoría de estas mujeres querían conservar sus puestos de trabajo, circunstancia que sorprendió a un ejército que hablaba de este modo de sus trabajadoras: «Una mujer es un sustituto, ¡como plástico en lugar de metal!». Durante la posguerra, cuando los hombres volvieron del frente y reclamaron recuperar sus trabajos, se optó por exaltar algunas características tradicionales de la femi-

nidad, como las vinculadas con el cuidado del hogar, con el fin de convencer a las mujeres de que su lugar se encontraba en el espacio doméstico y de desmotivar a aquellas que habían aspirado a construirse una vida profesional, como las doscientas universitarias a las que Betty Friedan entrevistó. Por medio de estas encuestas, descubrió que muchas mujeres heterosexuales que vivían la perfecta vida de un ama de casa en el Estados Unidos suburbano padecían problemas de ansiedad y de otros trastornos a los que denominó «el mal que carece de nombre». Mediante el análisis de los textos publicados en las revistas o las tendencias y teorías psicológicas, señaló el estrecho mundo de las amas de casa y destacó que la edad media del matrimonio había descendido en la década de 1950 hasta los veinte años, mientras que el número de mujeres universitarias había caído, en 1958, hasta un 35 por ciento. Las revistas se llenaban de consejos sobre cómo convertirse en una buena esposa, y la mujer estadounidense y sus electrodomésticos pasaron a ser una de las principales imágenes contra el comunismo. El libro de Friedan está considerado el inicio de la segunda ola del feminismo y un hito en la comprensión de cómo nuestras vivencias personales pueden tener lecturas sociales o políticas. A pesar de ello, su estudio ha recibido numerosas críticas, entre ellas sus limitaciones en cuanto a la raza, ya que Betty Friedan obvió, entre otros temas, que las mujeres afroamericanas continuaron trabajando durante esa década.

Mujeres y negras:
la experiencia de la doble opresión
en la lucha por los derechos civiles en Estados Unidos

En marzo de 1955, Claudette Colvin, una estudiante negra de quince años, vuelve a su casa en un asiento de un autobús público de Montgomery, en Alabama. Hace noventa años que se abolió la esclavitud, pero el sur continúa siendo un lugar racista en el que ser negro es sinónimo de estar en peligro. Un peligro que puede proceder de cualquier lugar, incluso de esa mujer blanca de aspecto tan corriente que va a ponerse hecha una furia al ver que una negra ocupa el asiento que le corresponde.

Sin embargo, Colvin no se va a levantar (igual que, en 1944, la joven Irene Morgan Kirkaldy tampoco había cedido su asiento a una pareja blanca) y, en diciembre de 1955, Rosa Parks no dejará su sitio ante las exigencias de un hombre blanco. Porque la batalla

para conseguir el fin de la discriminación racial va a librarse en las calles, pero también en las escuelas y en los autobuses; y en esas disidencias realizadas en el ámbito cotidiano las mujeres van a tener un papel protagonista. Pese a los esfuerzos de la historiografía por presentar a Rosa Parks como una costurera movida por un arranque repentino de ira, lo cierto es que tenía una destacada trayectoria dentro del activismo y era secretaria de la National Association for the Advancement of Colored People (NAACP). El arresto de Parks provocó el boicot a los autobuses públicos de Montgomery —orquestado por Martin Luther King—, que se prolongó durante más de un año. Al final, el 20 de diciembre de 1956, el Tribunal Supremo declaró ilegal la segregación racial en los espacios

públicos, sentencia que debía aplicarse en todos los estados. Pese a la nueva legislación, el fin de la discriminación racial todavía estaba —está— lejos de llegar. Transcurridos diez años desde la acción de Rosa Parks y ante el continuo maltrato policial, popular e institucional, tres grandes marchas salieron desde Selma (Alabama) hasta Montgomery para reivindicar el derecho al voto de la ciudadanía negra. La primera de ellas, realizada el 7 de marzo de 1965, pasaría a la historia con el nombre de Domingo Sangriento: al abandonar Selma, más de quinientos manifestantes fueron atacados con porras y gas lacrimógeno por la policía. Entre las activistas que sufrieron esta agresión en masa se hallaba Amelia Platts Boynton Robinson, símbolo de la lucha en favor del voto negro y

femenino, que llegó a convertir su casa en un centro de reunión para la planificación de protestas pacíficas como las marchas de Selma.

Todavía hoy, con la violencia racial hacia los afroamericanos vigente y convertida en norma habitual en Estados Unidos —aquellos, en comparación con los blancos, tienen el doble de posibilidades de recibir un disparo, aunque no porten armas—, las mujeres negras suman fuerzas para defenderse y reivindicar el cese de la impunidad blanca: en 2016 se funda Mothers of the Movement, que participará en la marcha de las Mujeres en Washington que tuvo lugar tras la elección de Trump. Se aunaban así lucha feminista y antirracista en una necesaria simbiosis.

Funmilayo Ransome-Kuti, Madre de África

Frances Abigail Olufunmilayo Thomas (Funmilayo Ransome-Kuti) nace en 1900 en Abeokuta (Nigeria), hija de un hombre que había sido esclavizado en Sierra Leona y que había llegado a la ciudad en busca de sus orígenes. Tras estudiar en Inglaterra, en 1922 Frances Abigail vuelve a trabajar como profesora en Abeokuta y, como una reacción contra el racismo al que había tenido que hacer frente durante su estancia en Europa, cambia su nombre inglés por el africano Funmilayo, con el que pasará a la historia de Nigeria como una figura imprescindible de la lucha feminista y anticolonial.

Implicada en los problemas de las mujeres sin recursos, Ransome-Kuti impulsó una larga campaña para evitar los impuestos coloniales sobre el comercio.

Como parte de su implicación en los problemas de las mujeres sin recursos de la ciudad, Ransome-Kuti impulsó una larga campaña de presión, destinada a evitar los impuestos coloniales que gravaban sobre el comercio en los mercados. Este comercio era ejercido sobre todo por las mujeres egba, muchas de ellas analfabetas, para las que Ransome-Kuti organizaba talleres y otras actividades de formación. En 1946, las seguidoras de Ransome-Kuti se agruparon en un sindicato que logró expulsar al rey local, Alake, al cabo de tres años de continuas manifestaciones en las que cantaban: «Alake, durante mucho tiempo has utilizado tu pene como marca de autoridad, para afirmar que eras nuestro marido. / Hoy le damos la vuelta al orden para hacer el papel de marido sobre ti. / Oh, hombre, la cabeza de la vagina buscará venganza».

Además, Ransome-Kuti fundó, ya en 1953, la Federación de Sociedades de Mujeres de Nigeria y el Sindicato de Mujeres de Abekouta, este último junto con Grace Eniola Soyinka. También se dedicó a viajar con relativa frecuencia a los países del entonces llamado bloque del Este (Rusia, China, etcétera), donde se familiarizó de primera mano con el comunismo y donde llegó a mantener una reunión con Mao Zedong. Las reticencias que sus viajes despertaron tanto en el Gobierno colonial inglés como en las autoridades nigerianas hicieron que, en 1956, se le retirara el pasaporte. Pese al rechazo y las trabas impuestas por parte de los poderes políticos con el fin de frenar su actividad, la activista tuvo un destacado papel en el proceso de independencia de Nigeria, que culminó en 1960, y en la conquista del voto para las mujeres. La educación y la conciencia política que tanto Ransome-Kuti como su cuñada Soyinka brindaron a sus hijos se vieron reflejadas en dos de las figuras más relevantes del África contemporánea: el premio Nobel de Literatura Wole Soyinka y el músico Fela Kuti.

Ya en la década de 1970, con Nigeria bajo el yugo de las dictaduras militares, Funmilayo continuará la lucha junto con su hijo, célebre creador del *afrobeat* y activista político influido por el Black Power de los Panteras Negras estadounidenses. La actividad de Fela Kuti, perseguida de forma implacable por las autoridades, provocó un terrible atentado contra su cooperativa, Kalakuta Republic, en 1978. El edificio, que además era la casa familiar, fue invadido por cientos de militares por orden del dictador Olusegun Obasanjo, que la consideraba, y no sin razón, un nido de resistencia y de oposición a su autoridad. Durante el ataque, después de recibir una paliza por parte de los soldados, Funmilayo Ransome-Kuti, ya conocida entonces como la Madre de África, con setenta y ocho años, fue arrojada por la ventana del tercer piso. Dos meses después falleció a consecuencia de las heridas.

1960

1960 Las **hermanas Mirabal**, opositoras del régimen dictatorial de Trujillo, son asesinadas en una emboscada.

1961 Tras décadas de investigaciones y lucha, la **píldora anticonceptiva** es legalizada en Estados Unidos.

1965 **Zainab al-Ghazali**, fundadora de la Asociación de Mujeres Musulmanas y activista egipcia que proponía una interpretación del Corán que fuera más igualitaria con respecto a las mujeres, es enviada a prisión, donde sufrirá terribles torturas por el régimen de Nassar. Al abandonar la cárcel, trabajará como escritora para la sección femenina de la revista *Al-Dawah*, donde fomentará el acceso a la educación de las mujeres, pero también apoyará su deber de obediencia al marido y a la familia.

1966 **Roberta Gibb** se convierte en la primera mujer en completar la maratón de Boston, una competición hasta entonces exclusivamente masculina. Autodidacta y obstinada, Gibb se escondió entre unos arbustos y saltó a la carrera al oír el disparo de salida; recibió todo tipo de reacciones: desde empujones hasta vítores.

1967 La montadora (y editora) **Dede Allen**, cuyo estilo fue esencial para la renovación del cine estadounidense, se convierte en la primera persona dedicada al montaje en recibir una mención individual en unos títulos de crédito (en la película *Bonnie and Clyde*, de Arthur Penn).

1968 Se funda en Nueva York el grupo feminista **Women's International Terrorist Conspiracy from Hell (W. I. T. C. H.)**. Sirviéndose de la *performance*, el teatro callejero y una original mezcla entre espiritualidad y guerrilla, W. I. T. C. H. tomó por bandera todo aquello que se suponía que una mujer no debía ser: independiente, sabia, fea, agresiva y, sobre todo, poderosa. Su lema habitual era: «Cuando te enfrentas a una de nosotras, ¡te enfrentas a todas! Pasa la palabra, hermana».

1968 El grupo **New York Radical Women** se manifiesta durante el concurso de Miss América.

1969 Se inicia en el bar Stonewall Inn la revuelta que dará pie a la lucha conjunta del colectivo LGTB.

1961 **Jane Jacobs** publica *Muerte y vida de las grandes ciudades*, obra que señala al espacio urbano público como masculino y propone acabar con la separación en las ciudades entre los lugares de trabajo y los dedicados a los cuidados.

1961 La activista y terrorista **Djamila Boupacha** intenta hacer estallar una bomba en un café profrancés en Argelia. Tras ser detenida, fue torturada y violada, lo que hizo que empezara una campaña, encabezada por Simone de Beauvoir y Gisèle Halimi, contra los métodos de represión utilizados en Francia. Argelia obtendrá la independencia un año después.

1963
Se publica *La campana de cristal*, la única novela de la poeta estadounidense Sylvia Plath, que narra el descenso a los abismos de la estudiante modelo **Esther Greenwood**. La obra trata temas afines al feminismo, como la tensión entre la feminidad tradicional, limitada al espacio doméstico y a los roles de madre y esposa, y la ambición profesional, que con frecuencia acarrea el rechazo social. La depresión de Greenwood se vio inspirada por el estado emocional de la propia Plath, que se suicidó poco después de la publicación de la novela.

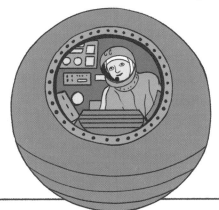

1962 Con sesenta años largos de diferencia con respecto a las mujeres blancas, que consiguieron el derecho al voto en 1902, las mujeres aborígenes australianas pueden votar libremente en 1962.

1963 La ingeniera rusa **Valentina Tereshkova** se convierte en la primera mujer cosmonauta y en la décima persona en orbitar alrededor del espacio. Tras ella, se tardará veintiún años en volver a ver a otra mujer en el espacio, Svetlana Savitskaya, que viajará en 1984.

1968 **Anne Koedt** escribe el artículo «El mito del orgasmo vaginal», un texto clave para la revolución sexual de las mujeres.

1969 **Valerie Solanas** publica el *Scum. Manifiesto de la Organización para el Exterminio del Hombre*.

1969 **Valie Export** lleva a cabo su famosa *performance* «Action Pants: Genital Panic». La artista austríaca entró en un cine de Munich, durante una muestra de cine experimental de lo más *arty*, con unos pantalones que dejaban a la vista su vagina y portando una metralleta sobre el pecho. Paseándose entre las filas del cine, con sus genitales a la altura de los ojos del público, Export criticaba la representación de las mujeres como objetos eróticos y pasivos en el cine, además de incomodar a los espectadores mediante la apropiación de una actitud violenta negada en general a las mujeres.

1970

Década de 1960

Tiempo de mariposas

 Existen personas que brillan en tiempos de oscuridad. Las hermanas Mirabal, sumidas en la penumbra de una de las peores dictaduras latinoamericanas de la década de 1960, la de Trujillo en la República Dominicana, fueron tres de ellas. Hijas de un acaudalado hombre de negocios, Minerva, María Teresa y Patria vieron cómo su familia caía en desgracia y cómo el país se sumía en el caos: las torturas y las desapariciones de opositores se sucedían, mientras Trujillo se presentaba como un bastión del anticomunismo. Las hermanas, conocidas como las Mariposas, formaron parte activa del movimiento de resistencia 14-J. Poniendo en peligro sus vidas, posesiones y familias, organizaron reuniones clandestinas, proveyeron de armas y tejieron redes de solidaridad para tratar de reconquistar la democracia. Después de ser detenidas y torturadas junto con sus maridos, fueron puestas en libertad con el fin de tenderles una emboscada. Su asesinato levantó una oleada de apoyos a su causa y contra el trujillato, que comenzó su declive político. El día de su muerte, el 25 de noviembre de 1960, fue declarado por el I Encuentro Feminista Latinoamericano y del Caribe como el Día Internacional de la Eliminación de la Violencia contra la Mujer.

Libertad con contraindicaciones

 En 1961, la farmacéutica Searle lanza la primera píldora anticonceptiva, Enovid, que llevaba ya tres años recetándose como regulador menstrual por temor a las amenazas de los grupos conservadores. Sin embargo, harán falta muchos juicios, mucho dinero y mucha paciencia para lograr convertir la contracepción en un derecho. En 1965 tendrán acceso a la píldora todas las mujeres... casadas. Se alegó que se trataba de respetar la privacidad marital, pero hubo que esperar ocho años para que se concediera la misma importancia al deseo de las solteras. La píldora permitió que las mujeres tuvieran un control sin precedentes sobre sus vidas y fomentó su independencia y el hecho de que pudieran tener un mayor desarrollo en sus carreras profesionales. Sin embargo, no todo fue una fiesta. En 1961 apareció el primer caso de trombo en una usuaria de Enovid. Tras años de investigación, llegó la alarma: la píldora incrementaba el riesgo de trombosis venosa y de infartos de miocardio. Gracias a la periodista Barbara Seaman y a la activista Alice Wolfson,[*] en 1969 se llevaron a cabo una serie de audiencias sobre la píldora que obligaron a incluir prospectos en sus envases y a informar sobre sus riesgos. Wolfson sigue manteniendo su opinión sobre los anticonceptivos hormonales y señala al preservativo como el único método respetuoso con las mujeres heterosexuales.

La quema de Miss América

 1968 fue un año tremendamente convulso en el que las mujeres asumieron roles muy distintos. Por ejemplo, aquellas que recuerdan la revolución parisina de mayo del 68 denuncian que su papel no pasaba de ser doméstico: hacer café para los camaradas y fotocopiar octavillas. Sin embargo, muchas mujeres se liaron la manta a la cabeza y protagonizaron acciones que, desde el feminismo, cuestionaban el orden establecido; una de las más conocidas fue el boicot de cuatrocientas feministas al concurso de Miss América, celebrado en Detroit. Reunidas en la ciudad con el propósito de reventar el acto, las participantes lanzaron bombas fétidas, descolgaron un cartel gigante y quemaron, al igual que hicieron los veteranos de Vietnam con sus cartillas militares, los componentes de su opresión física —sujetadores, pelucas, pestañas postizas y fajas— en un Cubo de Basura de la Libertad, además de negarse a hacer declaraciones a los reporteros (hombres). La protesta logró denunciar la opresión de los cánones de belleza y traspasó las fronteras, pero, manipulada por la prensa, convirtió la «quema de sujetadores» en una caricatura de las feministas.

---

* Puedes disfrutar de la historia de Wolfson y otras feministas de la década en la película *She's Beautiful When She's Angry* (2014), dirigida por Mary Dore.

Mujeres por la liberación LGTB

En la década de 1960, el colectivo LGTB era agredido de manera continuada por la policía: los bares a los que acudían sufrían redadas, existían listas oficiales, se les negaba el trabajo y se los expulsaba de sus hogares por su orientación sexual o por su identidad de género. En 1969, una de las frecuentes incursiones policiales en Greenwich Village, la zona de ambiente de Nueva York, acabó convirtiéndose en una espontánea revuelta que se extendió desde el bar Stonewall Inn hasta el resto del barrio y prendió la mecha del movimiento Gay Power. Este nombre ya adelantaba la exclusión de las lesbianas, que se encontraban atrapadas entre el sexismo del activismo gay de la década de 1970, dominado por hombres, y la lesbofobia del feminismo institucional. Además de nuevas organizaciones y de medios de comunicación homófilos, se crearon alojamientos para personas del colectivo LGTB a las que la sociedad había dado la espalda. Marsha P. Johnson y Sylvia Rivera, dos mujeres transexuales de origen afroamericano y puertorriqueño y figuras centrales en los disturbios de Stonewall Inn, fundaron STAR, un espacio de acogida para personas *trans* sin medios de subsistencia, que llegó a ser un ejemplo de lucha política y solidaridad.

La reivindicación del placer

En el contexto de la década de 1960, marcada por un deseo de mayor apertura y de experimentación sexual y por un importante trabajo de las mujeres en cuanto a introspección y autoconocimiento, Anne Koedt publica un artículo que, de manera contundente y contestataria, destapa por fin una idea errónea sobre la sexualidad femenina: las mujeres no son frígidas, las mujeres tienen clítoris.* En «El mito del orgasmo vaginal», Koedt critica el origen freudiano de los discursos sobre la sexualidad de las mujeres. Freud atribuía la sorprendentemente común ausencia de orgasmo femenino a un problema psicológico, que obedecía a un rechazo hacia su condición de mujeres y hacia sus propias vaginas. Sin embargo, como Koedt afirma en su texto, la vagina es un órgano de escasa sensibilidad, si lo comparamos con el clítoris, centro de estimulación sexual para las mujeres. El problema consistía en que, como la educación y el propio acto sexual giraban en torno a la heterosexualidad y el coito, todo se basaba en un «mete-y-saca» que dejaba a las mujeres desconcertadas y más frías que un muñeco de nieve. Gracias a artículos como el de Anne Koedt, las mujeres comenzaron a avanzar de forma más decidida en el conocimiento de sus cuerpos y en la obtención de su propio placer, así como en las distintas vías para lograr una vida sexual plena y satisfactoria.

«Valerie Lives»**

Uno de los textos del feminismo radical de la década de 1960 más popular en la actualidad es el *SCUM. Manifiesto de la Organización para el Exterminio del Hombre*, escrito, editado y autodistribuido por esa heroína trágica que fue Valerie Solanas. La obra, cuyo título está formado por un acrónimo que podríamos traducir como «Sociedad para Hacer Picadillo a los Hombres», constituye una mezcla de declaración política y de literatura utópica, no exenta de ironía, en la que se aboga por la eliminación de los hombres. Y, junto con ellos, arrambla contra todo el sistema económico y cultural patriarcal. La autora, que saltó a la fama por haber disparado a Andy Warhol, al que tachaba de «fascista de plástico», ha tenido una influencia intermitente e irregular en el feminismo. Denostada en su época por autoras liberales, influyó en grupos feministas radicales de la década de 1970, como Cell 16, que proponía la separación de los hombres y vivir en comunas de mujeres, donde se enseñaba autodefensa personal y se practicaba de manera esporádica el celibato. Solanas quedó olvidada hasta mediados de la década de 1990, cuando su manifiesto comenzó a ser reivindicado.

* En este caso, evidentemente basado en la genitalidad, se hace referencia únicamente a las mujeres *cis*.

** Frase del poema dedicado a Valerie Solanas por el grupo Motherfuckers.

Feminismo liberal - feminismo radical

Existen muchas maneras de entrar en el feminismo, pero muy pocas de salir bien parada si, mientras esperas a que arranque la manifestación, se mencionan dos conceptos: «feminismo liberal» y «feminismo radical». ¡No sufras! Aquí van unas notas:

FEMINISMO LIBERAL

Origen de sus ideas

Siglo XVIII. Los ideales de la Ilustración exponían que todos los seres humanos tenían las mismas capacidades y debían gozar de los mismos derechos. El feminismo liberal extiende esa idea a las mujeres: reclama la libertad individual y la igualdad en ámbitos como la ciudadanía, el trabajo y la educación, y exige que las mujeres se conviertan en sujetos autónomos.

Sujeto de sus ideas

Dado que sus reivindicaciones están dirigidas a subrayar los derechos individuales de las mujeres para alcanzar una igualdad legal y social con el hombre blanco heterosexual, su ideal consiste en asimilarse a él. Dicho de otra forma: el feminismo liberal pretende conseguir que la mujer sea legal y socialmente un ciudadano indiferenciado, neutro y universal.

Críticas a sus ideas

Pese a de que el feminismo liberal ha ganado grandes batallas, también se han señalado sus límites: no existe el ciudadano neutro; pedir la igualdad legal no soluciona ciertos condicionantes históricos, como la pobreza; su énfasis en lo público ha dejado de lado las injusticias privadas; no considera las particularidades de los diferentes grupos de mujeres, por lo que los derechos por los que lucha solo son disfrutados por mujeres *cis* blancas, de clase media y heterosexuales.

FEMINISMO RADICAL

Origen de sus ideas

Décadas de 1960 y 1970. La base etimológica señala que se trata de un feminismo que acude a la raíz de los problemas: el sistema sexo-género, que sitúa la opresión de las mujeres como un fenómeno que se ha producido a lo largo de la historia y que impregna cualquier forma de discriminación. Esta opresión resulta posible gracias a la violencia que ejercen los hombres y a los aspectos culturales que la reflejan, ya que el machismo impregna todos los aspectos de la sociedad. No existe una diferenciación entre la teoría y la práctica, así como no hay diferencia entre lo público y lo privado, y el feminismo se practica por medio de pequeñas revoluciones que debilitan al patriarcado.

Sujeto de sus ideas

La mujer como sujeto particular, distinto al hombre. Cada tendencia, sin embargo, hace hincapié en las diferencias que le resultan más relevantes. Esta reivindicación de las diferencias ha dado lugar a distintas ramas del feminismo, como el separatismo lésbico o el grupo de teóricas francesas de la *différence* que, partiendo del psicoanálisis, realizan una profunda crítica cultural.

Críticas a sus ideas

Aunque muchas de sus ideas han pasado al imaginario feminista, se les ha criticado por su visión ahistórica de la explotación de la mujer y, en particular, por su restringida noción del hecho de «ser mujer» —a menudo centrada en características anatómicas—, lo que niega la existencia y margina al colectivo de las mujeres *trans*.

Utopías y distopías
en la ciencia ficción feminista

Aunque con frecuencia la ciencia ficción se fundamenta en la propuesta de otros mundos y de escenarios alternativos, suele fracasar a la hora de asignar nuevos roles a las mujeres en ellos: sociedades en las que el petróleo ha sido sustituido por combustibles no contaminantes o en las que el teletransporte constituye la norma mantienen, sin embargo, la división entre géneros y reducen sus personajes femeninos a los papeles de madre o esposa.

Como antídoto existe el subgénero de la ciencia ficción feminista: utopías y distopías que reflexionan en torno al género, la opresión de las mujeres y la superación o fortalecimiento de sus roles. La pionera *Dellas: un mundo femenino* (1915), de Charlotte Perkins, nos acerca a una sociedad formada solo por mujeres. Narrada por un explorador, la obra expone los distintos puntos de vista de los visitantes masculinos sobre esta sociedad, de la que la violencia ha sido erradicada.

En la década de 1960, la *sci fi* feminista encuentra una de sus mejores voces en Ursula K. Le Guin: con *La mano izquierda de la oscuridad* (1969), Le Guin lleva las propuestas de Perkins a una mayor sofisticación. Mientras que en *Dellas* nos encontrábamos con un planeta feminizado, en Planeta Invierno, los habitantes son hermafroditas. Aunque lo habitual es no controlar los cambios de sexo, existen sustancias que permiten elegirlo. Desde esta premisa, la autora se adentra en lo más profundo de la naturaleza humana y la despoja de los condicionantes de género que la contaminan. Tres años más tarde, con *Las poseídas de Stepford* (1972), Ira Levin satiriza los roles

de género femeninos mediante las robóticas amas de casa de Stepford, siempre hermosas y complacientes. En 1975, la neoyorquina Joanna Russ nos regala *El hombre hembra*, un cóctel de ucronía, distopía y utopía protagonizado por cuatro mujeres en distintos planos espaciotemporales, incluida una guerrera que lucha por sobrevivir en un planeta dominado por una violenta guerra de sexos. Un año más tarde, la fascinante Alice Sheldon publica (con el seudónimo de James Tiptree, Jr.) *Houston, Houston, ¿me recibe?*, que nos acerca al choque cultural entre tres viajeros interplanetarios y la tripulación del *Gloria*, procedentes de un mundo futuro en el que la población masculina fue exterminada por una plaga y las supervivientes se han reproducido por clonación. Casi en la década de 1980, la galardonada Octavia E.

Butler mezcla raza y género en *Parentesco* (1979), la narración del viaje al pasado de una afroamericana que acaba en el Maryland de inicios del siglo XIX, antes de la abolición de la esclavitud. La distopía definitiva llega con dos obras de la década de 1980: *Lengua materna* (1984), de Suzette Haden Elgin, ubicada en un futuro en el que la persecución obliga a las mujeres a crear su propio idioma, y *El cuento de la criada* (1985), de Margaret Atwood, un escenario en el que extremistas misóginos han esclavizado a las mujeres. En el plano cinematográfico, la ciencia ficción feminista sacude el *mainstream* con la última entrega de Mad Max (*Mad Max. Furia en la carretera*, de George Miller, 2015), que narra la huida de Imperator Furiosa y las esclavas sexuales del villano Immortan Joe hacia las tierras del clan de mujeres Vuvalini.

Nina Simone: de niña prodigio a sacerdotisa del soul

En 1933, en Tryon (Carolina del Norte), en un Estados Unidos golpeado por la crisis económica, un matrimonio de predicadores recibe con cierta preocupación la llegada al mundo de su sexto retoño, una niña a la que llamarán Eunice Kathleen Waymon. Profundamente religiosos y con una gran afición por la música gospel, los Waymon contagiaron su espiritualidad y su destreza con los instrumentos a sus hijos, de los que Eunice fue la más incondicional: con solo doce años ofrece su primer concierto de piano, elegantemente vestida y con un semblante serio que se rompe cuando ve cómo sus padres son expulsados de las primeras filas para dejar sitio al público blanco. Eunice, joven, pero no ingenua, se negó a seguir tocando. Cinco años más tarde, el racismo volvió a dinamitar su carrera: tras meses de preparación con el pianista alemán Carl Friedberg —pagados con un fondo creado por su profesora de piano—, el Instituto Curtis de Filadelfia rechazó su solicitud de acceso, pese a que Eunice había demostrado su talento en la prueba exigida. Decepcionada, pero dispuesta a continuar con su formación, Eunice se costeó sus clases con algo que le despertaba bastantes reservas y que, sin duda, podía levantar la ira de su familia: interpretar la llamada «música del diablo» —jazz, blues y música alejada del servicio religioso— en un piano bar de Atlantic City. Por miedo a ser descubierta por sus padres, escondió su voz bajo un seudónimo: había nacido Nina Simone.

Apartada de la música clásica por el racismo, Simone pronto obtuvo éxitos como cantante en clubes nocturnos. Influida por Duke Ellington y la contralto afroamericana Marian Anderson, logró convertir su voz en un apasionado cóctel de espiritualidad, trémolo y sofoco sin precedentes. Elogiada por sus interpretaciones de «I Loves You Porgy» y «My Baby Just Cares For Me», engañada por su discográfica y explotada por su marido —un expolicía que se había reciclado como un mánager dispuesto a vivir a costa del talento de Nina—, la nueva promesa del soul nunca se sintió cómoda del todo con las alabanzas de los blancos. Su frustrada vertiente clásica dio paso a una avasalladora presencia que aunaba la potencia de su voz con la rabia acumulada tras años de desaires e injusticias. Composiciones como «Mississippi Goddam», inspirada en el ataque a una iglesia de Alabama en el que murieron cuatro niñas negras, pusieron de manifiesto su compromiso ideológico: sus conciertos acababan con incendiarios discursos contra el privilegio racial que avergonzaban a los blancos y hacían estallar en aplausos a los negros.

Convertida en icono de los derechos civiles y conocida en la escena musical por su fuerte temperamento, Simone abandonó Estados Unidos rumbo a Barbados en 1970: rompía así con discográficas y agentes y, como propina, evitaba a la agencia tributaria de Estados Unidos, a la que había dejado de pagar como protesta por la guerra de Vietnam.

Tras un repentino éxito *mainstream* debido a la inclusión de «My Baby Just Cares for Me» en un anuncio de Chanel n.º 5 en la década de 1980, la reverencia de una Europa que la convirtió en cabeza de cartel de sus festivales internacionales de jazz y recibir numerosas distinciones artísticas, Nina Simone se despidió del mundo en 2003. Su voz, además de genuina y conmovedora, fue tremendamente incómoda y valiente y elevó a su dueña a la categoría de mito, un mito que, a diferencia de lo que suele ocurrir, estaba hecho de contundente carne y hueso.

Su vertiente clásica dio paso a una fuerte presencia que aunaba la potencia de su voz a la rabia acumulada tras años de injusticias.

1970 **Carol Hanisch** publica su hoy célebre artículo «Lo personal es político», que erosionará la división entre espacio público y privado que, históricamente, tanto ha afectado a las mujeres y que articulará nuevas formas de lucha.

1971 Se firma el texto proabortista *Manifiesto de las 343 guarras* en Francia, donde un conocido grupo de mujeres se autoin-culpaban de haberse sometido a un aborto.

1973 La escritora estadounidense **Gloria Steinem** y la activista afroamericana **Dorothy Pitman Hughes** lanzan la revista de feminismo y actualidad *Ms.*, cuya primera portada estará protagonizada por la heroína del cómic Wonder Woman. Pitman y Steinem realizarán una extensa gira para presentar la publicación y para acercar al gran público el debate sobre temas como el género, la clase y la raza. Una de las publicaciones feministas más antiguas en activo, en 1973 tenía tres millones y medio de suscriptoras y un millón y medio de lectoras.

1973 Se juega el célebre partido de la «batalla de los sexos» entre la joven tenista **Billie Jean King** y el veterano Bobby Riggs. La cita, seguida por cincuenta millones de espectadores, estuvo cargada de gestos machistas —Riggs entró en la pista de tenis en un carro llevado por mujeres— y acabó con el triunfo de Billie Jean King. Un año más tarde, la tenista fundará la Women's Sports Foundation (WSF) para involucrar a las mujeres en el deporte.

1974 Nace en la India el movimiento de resistencia pasiva de mujeres **Chipko** para la conservación del entorno natural.

1975 Se declara el primer **Año Internacional de las Mujeres** por iniciativa de la Organización de las Naciones Unidas.

1975 Se abre una nueva etapa para las mujeres españolas tras la muerte del dictador Francisco Franco.

1975 Se estrena en Francia *Jeanne Dielman 23, quai du Commerce, 1080 Bruxelles*, una película pionera que reflejará muchos de los debates del feminismo del momento, especialmente los referidos a la posición de las mujeres como espectadoras.

1972 La entonces directora general de salud egipcia **Nawal al Saadawi** publica su polémica obra *La mujer y el sexo*, donde se atreve a hablar del tema de la sexualidad femenina vinculándola con su opresión social.

1972 Feministas italianas, entre ellas **Silvia Federici**, fundan el Colectivo Internacional Feminista e inician la campaña mundial para reclamar un salario por el trabajo doméstico. Tomando elementos del marxismo, reivindican que los cuidados, entendidos como un trabajo asociado a las mujeres y devaluado por el capitalismo, sean reconocidos mediante un salario que proporcione independencia a las mujeres.

1972 En medio de una dictadura portuguesa agonizante, se publica el libro colectivo *Novas Cartas Portuguesas*, en el que el ensayo feminista se mezcla con lo erótico y con la denuncia social. Sus autoras, las conocidas como las **Tres Marías**, son interrogadas, encarceladas y llevadas a juicio, lo que desatará una oleada de acciones internacionales.

1978 **Wangari Maathai**, activista ecofeminista nacida en Kenia, es encarcelada por desacato a la autoridad.

1977 Las denominadas **Madres de la Plaza de Mayo de Buenos Aires** comienzan sus valientes protestas por la desaparición de cientos de personas durante la dictadura de Jorge Videla iniciada en 1976.

1977 En una Alemania de gran turbulencia política se crea el grupo feminista radical llamado **Rote Zora**, cuyo nombre estaba inspirado en un cuento infantil de Kurt Held, «Zora la Roja y su banda». Esta célula, escisión feminista de la Facción del Ejército Rojo (RAF), es conocida por sus cuarenta y cinco atentados contra lo que consideraban centros de explotación femenina —desde *sex shops* hasta el Tribunal Constitucional por su política antiabortista— que no se cobraron víctimas humanas, sino que provocaron daños materiales.

1979 La banda punk inglesa The Slits, íntegramente formada por mujeres, estrena su hoy mítico tema «Typical Girls», incluido en su álbum *Cut*, una ácida crítica al estereotipo femenino tradicional, al que describen como un invento aburrido en el que se quiere encasillar a las mujeres; una concepción mítica de la feminidad adelantada ya por Simone de Beauvoir en su libro *El segundo sexo*: «No se nace mujer, se llega a serlo».

1980

Década de 1970

Lo personal es político

La segunda ola de feminismo tuvo una vertiente reivindicativa basada en la mejora de la situación de las mujeres. Además, sobre todo en el ámbito anglosajón, se crearon grupos de autogestión de mujeres que compartían sus vivencias e ideas, los denominados «grupos de autoconciencia». Sus participantes comprendieron que sus experiencias desbordaban lo personal y destaparon las estructuras machistas que condicionaban la vida cotidiana de las mujeres, lo que las llevó a extraer conclusiones políticas y a popularizar una frase de Carol Hanisch: «Lo personal es político».

Las 343 guarras

Un año después de que la ley admitiera la autoridad legal de las madres francesas, trescientas cuarenta y tres mujeres firman un manifiesto en *Le Nouvel Observateur*. En el texto, conocido como el *Manifeste des 343 salopes* o «de las 343 guarras» (1971), mujeres de la talla de Simone de Beauvoir, Catherine Deneuve, Jeanne Moreau, Marguerite Duras o Agnès Varda declaraban haber recurrido de manera ilegal al aborto con el fin de mostrar lo común que era esta práctica. Dos años más tarde, en 1973, tras fingir que su embarazo había sido fruto de una violación —la única manera de conseguir un aborto legal en Texas—, Norma L. McCorvey ganará el célebre caso Roe vs. Wade, que sentará un precedente a escala nacional.

Las mujeres y el sexo según Nawal El Saadawi

Nawal El Saadawi, doctora en Medicina, escritora feminista y activista política egipcia, publica *La mujer y el sexo*, una obra en la que rememora la ablación de clítoris que sufrió a los seis años y critica las condiciones de las mujeres en la sociedad egipcia.

El libro resultó muy controvertido, fue censurado y se obligó a su autora a abandonar los dos importantes cargos que ostentaba en el Ministerio de Sanidad. En 1981, Nawal El Saadawi fue encarcelada por sus opiniones sobre las mujeres y su oposición a la firma del acuerdo de paz entre Egipto e Israel, pero su actividad política no cesó. Al abandonar la prisión fundó la Asociación Solidaria de Mujeres Árabes para fomentar la participación de las mujeres árabes y musulmanas en todos los ámbitos de la sociedad. En la actualidad, el discurso de Nawal El Saadawai en contra del velo ha entrado en conflicto con la postura de otras mujeres y de otras feministas musulmanas, como Sirin AdIbi Sibai, que consideran que su uso debe responder a la voluntad particular de cada mujer y que entienden su imposición y su prohibición como un control sobre los cuerpos e identidades de las mujeres.

Las mujeres que abrazaban árboles

El mismo año en que Françoise d'Eaubonne acuñó el término «ecofeminismo» en su libro *Le Féminisme ou la mort*, «El feminismo o la muerte» (1974), una protesta colectiva de mujeres en la zona de Uttar Pradesh, en el norte de la India, desató una serie de acciones de resistencia por la conservación del medio ambiente. Nacía así el movimiento Chipko, que puso de relieve la vinculación de las mujeres rurales indias con su entorno boscoso como fuente de subsistencia, cuyo propósito era defender la riqueza natural frente a las grandes multinacionales madereras. Las mujeres, que se resistían a la tala de los árboles, lo demostraron abrazándose a ellos; de hecho, Chipko significa «la que se abraza». Aunque la historia del movimiento resulta compleja, las mujeres Chipko fueron consideradas un ejemplo de práctica ecofeminista por el modo en que la vivencia cotidiana con su entorno les proporcionó herramientas de conocimiento y de defensa de los árboles frente a los intereses capitalistas.

Urgencia feminista en España

Con el final del régimen franquista, España comienza una etapa de adaptación democrática, en la que se pone sobre la mesa la necesidad de ampliar los derechos sociales. Las feministas, sometidas desde los inicios de la dictadura, se ponen a trabajar para conseguir los objetivos más urgentes para las mujeres: la liberación de las presas encarceladas sobre la base de los llamados «delitos específicos de la mujer» (adulterio, aborto y prostitución), la legalización de los anticonceptivos, el derecho al divorcio y la igualdad salarial. En 1978, las feministas habían conseguido que se despenalizara la distribución de anticonceptivos y que el adulterio femenino dejase de ser considerado un delito.

El año de las mujeres

La ONU designa 1975 como el primer Año Internacional de las Mujeres, que culminará con una conferencia mundial en México. Este será el primero de una serie de megaforos de debate sobre la situación de las mujeres y el germen de distintos planes de acción. En la Conferencia de México de 1975 participaron representantes de ciento treinta y tres gobiernos y unas seis mil ONG, que debatieron sobre la situación de la mujer en el contexto de la Guerra Fría y sobre procesos de descolonización. En México también distintos feminismos mostraron sus enfoques: las feministas occidentales reivindicaron la igualdad legal y los derechos reproductivos, mientras que los feminismos africanos o latinoamericanos hablaron de superar el colonialismo.

Asalto al celuloide masculino

La directora de cine belga Chantal Akerman lleva a la gran pantalla *Jeanne Dielman 23, quai du Commerce, 1080 Bruxelles*, un filme de narrativa poco convencional en el que aborda los ritmos cotidianos de una mujer de mediana edad: comprar, arreglar la casa, hacer la cena, limpiar los platos… La película, que subvierte lo que

Laura Mulvey denominó en 1975 la «mirada masculina» en el cine (aquella que reduce a los personajes femeninos a objetos eróticos y pasivos), obliga al espectador a presenciar el desesperante ritmo de las tareas domésticas.

Catorce madres en una plaza

El sábado 30 de abril de 1977 comienzan las reuniones de las Madres de la Plaza de Mayo de Buenos Aires. El grupo estaba formado por madres y abuelas de las personas desaparecidas durante los inicios de la dictadura argentina que siguió al golpe de Estado de 1976. Ante los miles de secuestros perpetrados por el terrorismo de Estado y frente a la pasividad internacional al respecto, las mujeres de la Plaza de Mayo empezaron a congregarse frente a la residencia presidencial para exigir justicia. Poco después de comenzar su actividad, algunas de ellas fueron secuestradas, torturadas y asesinadas, pero el resto no se amilanó. Su lucha ha continuado hasta la actualidad y se han convertido en uno de los grupos de protesta civil mas constantes y admirados de la historia.

Una mujer incontrolable

Wangari Maathai, famosa activista keniana, es encarcelada por orden del juez que había tramitado su divorcio. Su marido explicó que Maathai, fundadora del Movimiento del Cinturón Verde, tenía «una mentalidad demasiado fuerte para una mujer» y que él era «incapaz de controlarla». El juez, tras fallar en favor de su marido, fue tildado de incompetente por Maathai en una entrevista, motivo por el cual fue detenida. Maathai, como su marido había afirmado, tenía, desde luego, una mentalidad demasiado fuerte y muy difícil de controlar, gracias a la cual llegó a convertirse en presidenta del Consejo Nacional de Mujeres de Kenia y en ayudante del ministro de Medio Ambiente y Recursos Naturales. En octubre de 2004 recibió el Premio Nobel de la Paz.

La mirada feminista en el arte

La primera incursión feminista consciente y organizada en el terreno artístico fue la exposición *Womanhouse*, inaugurada en 1972 en Los Ángeles, California. Sus autoras fueron las participantes del Programa de Arte Feminista del Instituto Californiano de las Artes, ideado por las artistas Judy Chicago y Miriam Schapiro en 1971 y dirigido solo a mujeres. Ambas tutoras consideraban que el mundo del arte estaba masculinizado: hacía muy poco que las mujeres podían acceder a la educación artística, y la historia del arte había sido siempre escrita por y para hombres y había dejado de lado los logros de las mujeres, por lo que las nuevas artistas no contaban con referentes próximos. Este panorama forzaba una vivencia androcéntrica* de la creación artística e impedía el tratamiento de temas que apelaban directamente a las mujeres, como la maternidad, la vinculación con el espacio doméstico y la esclavitud de los cánones de belleza. En la muestra, realizada en una casa reformada por las artistas, participaron más de veinticinco mujeres que cubrieron distintas disciplinas: desde la escultura y la pintura hasta la *performance*. Faith Wilding, una de las artistas con mayor proyección posterior, realizó allí su pieza *Waiting* por primera vez. Reclinada y meciéndose como quien acuna a un bebé, Wilding relataba en bucle las distintas fases de la vida de las mujeres, siempre marcadas por esa dichosa palabra: «esperar». «Esperando a que me saquen a bailar, esperando a gustar, esperando a tener un bebé, esperando a que llegue a casa para llenar mi tiempo, esperando a que me visiten mis hijos, esperando el final de la lucha...».

Aunque *Womanhouse* constituyó toda una revolución, muchos de sus planteamientos iniciales pueden

* Androcentismo: práctica, consciente o no, de otorgar al varón y a su punto de vista una posición central en el mundo, las sociedades, la cultura y la historia.

parecernos hoy un poco trasnochados, en particular esas divagaciones hippies que relacionaban a las mujeres con la tierra, con los ciclos lunares y con otros elementos de la naturaleza, en contraposición con los hombres, a los que se identificaba con la civilización. Una tendencia propia de la década de 1970 a la que las investigaciones sobre género han dejado como los pantalones de pana del mismo período: encantadoramente retro, pero muy desfasados. Artistas como la afroamericana Faith Ringgold se dedicaron a una creación politizada, como podemos ver en su obra *The Flag Is Bleeding*, en la que reflexiona sobre la doble opresión sufrida por las mujeres negras. Con frecuencia, la reivindicación salía del lienzo y ocupaba el espacio

Artistas como Faith Ringgold se dedicaron a una creación politizada, como se ve en su obra *The flag is bleeding*, sobre la doble opresión sufrida por las mujeres negras.

público: el Ad Hoc Women Artists' Committee, del que formaban parte la propia Ringgold y feministas como Lucy R. Lippard, llegó a invadir el museo Whitney de Nueva York, tirando huevos y basura al suelo del edificio mientras coreaban sus protestas, para exigir una mayor presencia de mujeres entre sus artistas.

Aunque iniciada en la década de 1970, la mirada feminista hacia el arte continúa hoy su evolución. Desde la pionera Linda Nochlin a la contemporánea Patricia Mayayo, numerosas investigadoras se han encargado de recuperar la historia de las artistas, mientras iniciativas como exposiciones o festivales de música no mixtos se han propuesto dar visibilidad a la producción de cientos de mujeres olvidadas por un imperio cultural aún dominado por unos poderes y unas narrativas en su mayoría masculinos.

Política sexual

El primer año de la década de 1970 va a ser fundamental para la formación del feminismo occidental gracias a la publicación de obras como *La dialéctica del sexo*, de Shulamith Firestone, o *La mujer eunuco*, de Germaine Greer, dos textos indispensables para las feministas de la época. Sin embargo, por encima de estos títulos destacará *Política sexual*, de Kate Millett, un libro cuya base fue su tesis doctoral y que llegará a convertirse en un superventas. Esta obra fundamental, que constituye una de las bases del feminismo radical (denominado así por su intención de atender a la raíz de la desigualdad de las mujeres), aúna distintos campos de estudio, desde la crítica literaria hasta la sociología o la historia. El libro parte de la crítica a las imágenes de mujeres que aparecen en los libros de autores tan reconocidos —pero tan machitos— como Henry Miller, Norman Mailer y D. H. Lawrence, y concluye que los roles de género no son naturales, sino construcciones sociales. Además, posee un marcado carácter de manifiesto, en particular por su lectura política de la vivencia de la sexualidad, y ahonda en ese eslogan de la época que afirmaba que «lo personal es político».

¿Y cómo veía Millett esa relación entre lo personal y lo político?

La autora habla del poder que los hombres han ejercido históricamente sobre las mujeres y lo identifica con un concepto, el Patriarcado, es de-

cir, el dominio del Padre; un sistema de poder real que es y ha sido ejercido directa o indirectamente sobre la mujer en los ámbitos públicos, pero también en los domésticos y privados (algunos tan privados como la sexualidad). Para Millett, el poder se define como el conjunto de relaciones y compromisos que permiten a un grupo dominar y subordinar a otro y que pueden tener su origen en la clase, la raza o el sexo. Esas relaciones o compromisos pueden tener un carácter público, como las leyes, o un carácter privado, como las relaciones personales que establecemos entre nosotros: quién hace la cena, quién hace la cama, quién proporciona los orgasmos en esa cama... Para Millett, lo particular de la opresión de las mujeres es su vinculación con

lo sentimental, con lo sexual, y eso es lo que la hace tan poderosa.

Política sexual se convirtió en una eficaz herramienta de desmontaje de mitos machistas, en la que se destacaba su crítica de los estereotipos femeninos y la desconfianza hacia Freud y el psicoanálisis. Como colofón, la idea de que las mujeres constituyen el único grupo oprimido que se enamora de su opresor fue tan potente que llevó a una revisión integral de las relaciones sentimentales de muchas mujeres. Como resultado, se inauguró una crítica a la heterosexualidad que condujo incluso a la politización del lesbianismo como una manera de huir de la opresión masculina en las relaciones. Lo personal era más político que nunca.

Angela Davis: *Mujeres, raza y clase*

En Birmingham, Alabama, una hilera de sencillas casas de ladrillo parte en dos el centro de la ciudad y arrastra en la división a sus habitantes: al oeste, los blancos; al este, los negros. Como parte de la intensa lucha que la comunidad negra libró en la localidad, muchas familias cruzaron esa línea de segregación y adquirieron casas en el lado oeste de la calle. Cuando se mudaban «a la parte blanca», el Ku Klux

Ya en el Comité Estudiantil No Violento, Davis colabora con Las Panteras Negras, grupo destinado a la defensa de una comunidad asfixiada por la discriminación racial y la violencia policial.

Klan prendía fuego a sus puertas y disparaba contra sus ventanas. Después, llegaban las bombas, lanzadas en las entradas o depositadas en los jardines. Más de cuarenta ataques entre 1940 y 1960 que llevaron a que la calle, llamada de forma tan anodina como Center Street, adquiriera el sobrenombre de Dynamite Hill. Y en una casa sobre esa colina, en mitad de un angustioso clima de violencia racial y de resistencia negra, nace en 1944 Angela Davis, una de las figuras políticas más trascendentales de la actualidad.

Empecemos por el principio.

En Birmingham (Alabama) los negros no estudiaban con los blancos, así como tampoco lo hacían en igualdad de condiciones. Las escuelas para negros estaban peor dotadas, recibían menos presupuesto y tenían instalaciones mucho más precarias. Pese a tener que enfrentarse a estas limitaciones, la joven Angela desarrolló un expediente académico brillante, que le granjeó una beca para estudiar en el instituto progresista Elizabeth Erwin de Nueva

York. Ya familiarizada con la lucha política gracias a sus padres, ambos miembros de la National Association for the Advancement of Colored People (NAAPC), Davis entró pronto en contacto con el socialismo y el comunismo, ideologías que marcarán su vida personal y profesional para siempre. Además de convertirse en miembro del Comité Estudiantil No Violento, comenzó a colaborar con los Panteras Negras, un grupo formado en 1966 para la defensa de una comunidad negra asfixiada por la discriminación racial y la violencia policial. Los Panteras Negras habían conseguido organizarse para patrullar las calles y defender a los suyos de las agresiones blancas, habían reunido fondos para procurar desayuno gratuito a los niños de familias sin recursos e incluso habían puesto en marcha varias clínicas públicas para la comunidad.

Tras presentar su tesis en Filosofía, dirigida por el pensador de extrema izquierda Herbert Marcuse, Davis consiguió un puesto de catedrática en la Universidad de California. Sin embargo, la alegría no duró mucho. En 1970, tras conocerse su militancia en el Partido Comunista de Estados Unidos, fue despedida de su puesto, lo que la llevó a investigar sobre la persecución ideológica y racial y sobre las condiciones de los presos políticos en las cárceles estadounidenses. Su atención al caso de los Panteras Negras G. Jackson y W. L. Nolen, encarcelados en la prisión Soledad de California, la convirtió en el objetivo de una persecución por parte del Gobierno y del FBI que acabó con un juicio en el que fue absuelta de todos los cargos.

Hoy Angela Davis, que en 1971 fue uno de «los criminales más buscados por el FBI», es una de las académicas, escritoras y activistas más respetadas y requeridas a escala internacional y ha visto cómo su rostro se convertía en un icono de la lucha racial y feminista.

1980 Un grupo parapolicial secuestra en Ciudad de Guatemala a la periodista **Irma Flaquer**, conocida por sus críticas contra los Gobiernos dictatoriales.

1980 La poeta estadounidense **Adrienne Rich** publica uno de los artículos claves del pensamiento lesbofeminista: «La heterosexualidad obligatoria y la existencia lesbiana».

1982 La creatividad cultural española se reactiva tras el fin de la dictadura de Franco y la escena musical se llena de bandas punk con componentes femeninas: Último Resorte, liderado por **Silvia Escario**, saca su primer EP, coincidiendo con el lanzamiento de «Quiero ser santa», de Ana Curra y Alaska, para Parálisis Permanente. Al año siguiente, las vascas Vulpess provocarán un sonado escándalo al tocar su canción «Me gusta ser una zorra» en Televisión Española.

1981 La activista radical **Andrea Dworkin** publica *Pornography. Men Possessing Women* y capitanea una de las guerras culturales más importantes dentro del feminismo: *Sex wars.*

ANDREA DWORKIN
PORNOGRAPHY
MEN POSSESSING WOMEN

1983 Como muestra de un reconocimiento tardío, **Lynn Margulis** es aceptada en la Academia de Ciencias de Estados Unidos. Su teoría endosimbiótica revolucionó los teoremas básicos de la biología y fue originalmente publicada en 1967, rechazada por quince revistas científicas e ignorada durante más de una década.

1983 Tras años de lucha contra la entonces desconocida anorexia nerviosa, muere la cantante **Karen Carpenter**, del famoso grupo The Carpenters, cuyo caso servirá para dar a conocer la enfermedad.

1983 En plena dictadura chilena, **Julieta Kirkwood**, **Elena Caffarena** y **Olga Poblete** refundan el MEMCH (Movimiento Pro Emancipación de las Mujeres de Chile).

1983 Se publica el *Manifesto for Cyborgs. Science, Technology, and Socialist-Feminism in the 1980s* (*Manifiesto para cyborgs*), de Donna J. Haraway, que influirá mucho en el ciberfeminismo de los noventa.

1981 Tras veintiún años en prisión, China libera a **Ani Pachen Dolma**, que se ordenó monja tibetana para escapar de un matrimonio concertado y que abandonó la vida monástica con el objetivo de capitanear el clan familiar contra la invasión china. Forzada a llevar grilletes y a vivir sin poder rezar ni hablar en tibetano, hoy ha pasado a ser un símbolo de la lucha del Tíbet.

1981 Ana Gasteazoro funda, junto con otras presas, la sección femenina del comité de presos políticos de El Salvador, que dará a conocer internacionalmente los sufrimientos del pueblo frente a la violencia de los escuadrones de la muerte. Mujer culta, con una larga experiencia vital y con contactos internacionales obtenidos gracias a su labor política, se implicó en la guerrilla tras la escalada de violencia con la que la oligarquía y Estados Unidos trataron de desmontar la contestación popular.

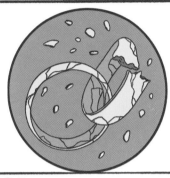

1981 Phoolan Devi, la llamada Reina de los Bandidos, se venga de forma despiadada por su violación: asesina a veintidós hombres de casta superior.

1981 En España se aprueba la **Ley del Divorcio**, con la oposición de la Iglesia y del sector democristiano. Cuatro años más tarde se despenaliza el aborto, como resultado de una potente lucha feminista.

DON'T GO TO BED WITH COSMO.

Are most women really safe from AIDS?

SAY NO TO COSMOPOLITAN.
ACT-UP

1988 Las activistas del grupo ACT UP (AIDS Coalition to Unleash Power), que tienen como objetivo la información y la prevención del VIH, se manifiestan contra *Cosmopolitan*.

1987 Al calor de asociaciones como la Librería de Mujeres de Milán, la pensadora **Luisa Muraro** publica «El pensamiento de la diferencia sexual», uno de los principales textos del feminismo de la diferencia.

1987 La activista feminista afgana **Meena Keshwar Kamal** es asesinada por los servicios secretos de su país. Keshwar, que había formado la Asociación Revolucionaria de Mujeres Afganas, llevaba años luchando contra la ocupación soviética y los Gobiernos muyahidines e islamistas y defendiendo una república laica, democrática e igualitaria.

1989 Se produce una masacre en la **Universidad Politécnica de Montreal**, en la que un hombre dispara contra decenas de mujeres arrastrado por su odio hacia el feminismo.

1990

1985 La artista cubana **Ana Mendieta** se precipita, en extrañas circunstancias, por la ventana de su apartamento del Greenwich Village neoyorquino.

Década de 1980

Irma Flaquer, periodista pese a todo

 Desde sus inicios en el periodismo, Flaquer resultó una figura incómoda para los poderes de Guatemala. Contratada por el diario *La Hora*, se hizo un nombre gracias a su columna «Lo que otros callan», en la que alzaba la voz contra los regímenes militares del país. Su denuncia tuvo un altísimo precio y, a los treinta años, fue objeto de un atentado: una granada lanzada al interior de su coche la dejó herida de gravedad. Sin embargo, Flaquer no se desanimó y, a principios de la década de 1970, con la intensificación de la violencia estatal contra opositores y periodistas, comenzó a militar en la organización Fuerzas Armadas Rebeldes y fundó la Comisión de Derechos Humanos. En 1980, tras repetidas amenazas, decidió exiliarse en Nicaragua. Antes de abandonar el país, ella y su hijo fueron asaltados por grupos armados en la calle: a él lo mataron, ella desapareció. Se cree que al poco tiempo fue torturada y asesinada.

Las guerras sexuales de la década de 1980: orgasmos y censuras

 El feminismo de la década de 1980 tuvo uno de sus debates más eléctricos en la representación comercial del sexo. Entre las voces contrarias destacaba Andrea Dworkin, que teorizó sobre la producción pornográfica como un acto misógino y violento que investía al hombre heterosexual blanco con el poder de un violador. Una colección de imágenes bajo las que subyacía una ideología machista y racista, creadas sobre la base de un erotismo de la desigualdad que, a su vez, sustentaba una industria de explotación. Dworkin consideraba la pornografía como una «práctica de la subordinación» y fue apoyada en sus reivindicaciones por la Nueva Derecha estadounidense y por los fundamentalistas cristianos. Frente a esto, opiniones disidentes se alzaron con unos argumentos que iban desde la libertad de expresión hasta la inutilidad de la censura, en las que se sostenía que muchas mujeres eran explotadas igualmente en otras industrias. Pensadoras, educadoras y creadoras como Betty Dodson, Gayle Rubin y Annie Sprinkle buscaron un punto de encuentro entre feminismo y pornografía y establecieron lazos entre las creadoras de literatura erótica, las defensoras de las trabajadoras sexuales, las librepensadoras y los primeros grupos *queer* como las Samois —lesbianas *sado* de San Francisco—. El pensamiento de estas activistas quedó resumido así por Naomi Wolf: «El orgasmo es la forma natural con la que el cuerpo te llama al activismo feminista».

Mucho más que la Robin Hood feminista

 Phoolan Devi, nacida en condiciones de extrema pobreza en un poblado en Uttar Pradesh, fue obligada a casarse a los once años con un hombre veinte años mayor, el cual ejerció una terrible violencia contra ella y la devolvió a sus padres, lo que la convirtió en una proscrita para la sociedad india. Su vida cambió radicalmente tras ser secuestrada por un grupo de forajidos, pues la mano derecha del líder de la banda, de la misma casta que Phoolan Devi, se enamoró de ella. Phoolan Devi aprovechó su nuevo poder y se vengó de su exmarido, al que acuchilló y arrastró por todo su poblado. La situación volvió a cambiar cuando su amante fue asesinado por miembros de su banda que pertenecían a una casta superior, los thakurs, que la violaron; Phoolan Devi logrará escapar y creará su propio grupo de bandidos. El 14 de febrero de 1981, Phoolan Devi, de veinticuatro años, bajó al poblado de los thakurs vestida de policía y, junto con sus acólitos, mató, de un disparo en la cabeza, a veintidós hombres. Este hecho se convirtió en un escándalo nacional y su autora alcanzó el estatus de Robin Hood feminista. Tras numerosos intentos de captura, se rindió y pasó once años en la cárcel. En 2001 fue asesinada por unos sicarios en venganza por las muertes de thakurs.

Chilenas contra Pinochet

Tras el golpe de Estado y el asesinato de Salvador Allende, el movimiento feminista chileno queda cercenado, pero pronto se reorganiza para convertirse en una de las más tenaces oposiciones al régimen dictatorial de Pinochet. El Movimiento Pro Emancipación de las Mujeres de Chile (MEMC) coordinará a los colectivos feministas del país y apostará por la democracia, por los derechos humanos, por la lucha contra la discriminación de las mujeres y por la preservación del medio ambiente. En 1987, ante la llegada del plebiscito nacional de Chile de 1988 —referéndum destinado a decidir si el dictador Augusto Pinochet continuaba en el poder hasta 1997—, las feministas chilenas sumaron fuerzas para el No con el eslogan «Democracia en el país, en la cama y en la casa». El triunfo del No, con el 54,71 por ciento de los votos, implicó la convocatoria de elecciones democráticas y el fin de la dictadura en 1990.

Dónde está Ana Mendieta

Ana Mendieta es una de las grandes figuras del arte feminista, con una obra que se sitúa a caballo entre el desarraigo provocado por su temprano abandono de Cuba, el *earthbody* —expresión artística que subraya la relación de la mujer con la naturaleza y las violencias sufridas por ambas— y la denuncia del maltrato de género. Su *performance Untitled (Rape Scene)*, de 1973, puso de manifiesto lo cotidiano de las agresiones sexuales contra las mujeres: en su propia habitación, frente a sus compañeros, Mendieta escenificó la violación y el asesinato de la estudiante Sara Ann Otten, que habían tenido lugar en el campus de Iowa, en el que la artista residía en aquella época. La muerte de Mendieta, a los treinta y siete años, despertó la sospecha de que hubiera sido provocada por su pareja, el escultor Carl André; sus vecinos afirmaron que habían oído una gran discusión entre ambos antes de que ella se precipitara al vacío.

Las chicas de ACT UP dicen no a *Cosmopolitan*

En enero de 1988, la revista de moda *Cosmopolitan* publicaba un artículo del psiquiatra Robert E. Gould titulado «Reconsiderando las noticias del sida. Un doctor te explica por qué no estás en peligro». En él se argumentaba que en el sexo heterosexual el riesgo de transmisión del VIH era casi nulo. Las mujeres de ACT UP, colectivo que defiende la información e investigación sobre el VIH, concertaron una reunión con Gould y le recriminaron su falta de rigor; además, le exigían una retractación. Tras la negativa de Gould, las mujeres de ACT UP se organizaron por primera vez al margen del resto del colectivo y reunieron a unas ciento cincuenta activistas frente a la empresa Hearst, propietaria de *Cosmopolitan*. Allí corearon: «Di no a *Cosmo*» y portaron pancartas con el lema «Sí, las chicas *Cosmo* pueden contraer el sida».

Montreal y la misoginia violenta

La masacre de la Universidad Politécnica de Montreal, la de mayor número de víctimas en la historia reciente de Canadá, se inició el 6 de diciembre de 1989, cuando un joven de veinticinco años entró armado en una clase, la dividió entre alumnos y alumnas, pidió que los hombres salieran de la clase y, apuntando contra las mujeres, clamó luchar contra el feminismo. Una de las alumnas alegó que solo eran estudiantes de ingeniería, a lo que el asesino contestó: «Sois mujeres, vais a ser ingenieras, sois una panda de feministas y odio el feminismo» y disparó contra ellas; mató a seis. Durante veinte angustiosos minutos recorrió los pasillos y disparó hasta acabar con la vida de catorce mujeres y dejar a diez heridas. Al final se suicidó. Convertido en trauma nacional, el 6 de diciembre fue declarado Día Nacional contra la Violencia de Género; la prensa, por su parte, analizó la pasividad con la que los hombres habían actuado.

Backlash: reacciones y retrocesos ante el feminismo

La historia del feminismo, entendida como la lucha por los derechos de las mujeres, no es lineal ni progresiva, sino que está jalonada por retrocesos y altibajos. En época contemporánea ha habido momentos de grandes logros colectivos, con un apoyo masivo al feminismo, pero también períodos de gran oposición a este, durante los que se han despreciado sus luchas y se han perdido derechos ya conquistados.

Uno de esos aciagos momentos fue la década de 1980, en especial durante el mandato de Ronald Reagan (1981-1989). En 1991, la periodista Susan Faludi presentó un extenso estudio sobre el antifeminismo de dicha época en un importante libro titulado *Backlash* (*Reacción. La guerra no declarada contra la mujer americana*), en el que explicaba las distintas oleadas antifeministas vividas por Esta-

dos Unidos: a principios del siglo xx —tras conseguir el derecho al voto—, en la década de 1950 —después de la masiva incorporación laboral de las mujeres durante la Segunda Guerra Mundial— y en la década de 1980 —tras el auge del feminismo de las décadas de 1960 y 1970—. En una obra posterior, *La pesadilla terrorista. Miedo y fantasía en Estados Unidos después del 11-S* (2007), Faludi explicaba cómo, después de los ataques, se habían puesto en marcha toda una serie de discursos patriarcales que identificaban la figura del presidente con la del protector y que fomentaban el regreso a los valores familiares tradicionales.

En *Backlash*, Faludi analizaba cómo el antifeminismo de la década de 1980 se propagaba por los medios de comunicación en los mitos sobre el sentimiento de frustración de las mujeres solte-

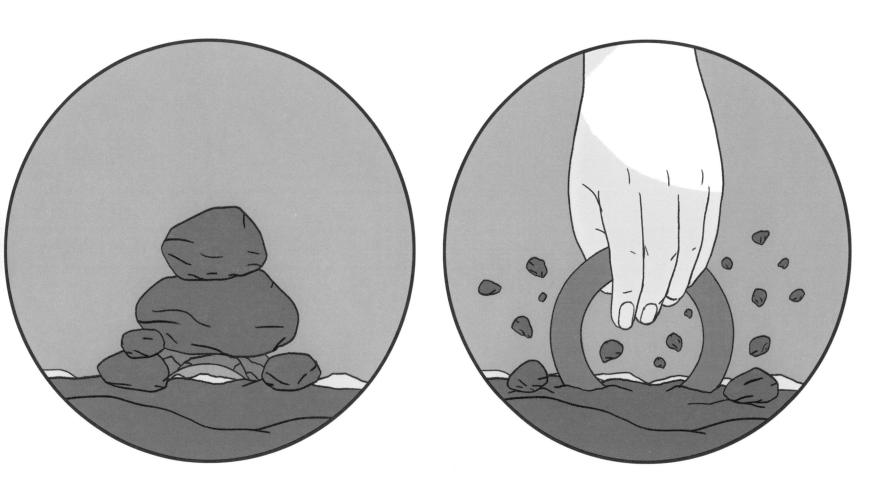

ras que centraban su vida en el trabajo, sobre una supuesta oleada de mujeres infértiles o sobre cómo el feminismo, al abogar por que las mujeres pudieran tenerlo «todo» —una exitosa vida laboral y familiar—, las había llevado al límite de sus fuerzas tanto físicas como psicológicas. Las mujeres, según estos informes, que mezclaban afirmaciones machistas con psicología barata, estaban «encadenadas por su liberación», sumidas por el feminismo en un estado de infelicidad y de ansiedad.

Según Faludi, una de las principales obras antifeministas de la época fue *Atracción fatal* (*Fatal Attraction*, de Adrian Lyne, 1987), en el que se narra la historia de una *yuppie*, soltera e independiente, que, tras una aventura de una noche con un hombre casado, se convierte en una mantis religiosa que

quiere destrozar el hogar ideal estadounidense; su papel representaría así todos los miedos asociados a las feministas.

Para la estudiosa Angela McRobbie, esos discursos se transformarían, en la década de 1990, en un conjunto de tendencias culturales que afirmaban que las reivindicaciones del feminismo ya se habían conseguido y que las mujeres independientes de la nueva década ya no las necesitaban. Uno de los grandes relatos del «posfeminismo» fue la serie *Sexo en Nueva York* (*Sex and the City*, HBO, 1998-2004), en la que el feminismo se vaciaba de contenido y se convertía en un producto.

Con la llegada de la crisis de 2008, el discurso del triunfo individual posfeminista se puso en entredicho y se volvieron a activar muchas de las redes feministas.

«Interseccionalidad»: el desplazamiento de la mujer blanca de clase media como sujeto universal del feminismo

En la década de 1970, la nueva premisa de «lo personal es político» supuso un gran cambio en la visión de la experiencia femenina. Esta frase de la escritora y activista Carol Hanisch venía a decir que la vivencia personal de cada mujer tiene una lectura social que la enmarca dentro de otra colectiva de la feminidad. Pese a lo parcialmente oportuno de la reflexión, el feminismo negro dio pronto un golpe sobre la mesa: la experiencia de las mujeres blancas no era similar a la de las mujeres negras, que sufrían —sufren— una doble discriminación: la de género y la racial.

Esta idea del solapamiento de opresiones fue desarrollada por la organización feminista negra lésbica Combahee River Collective, que reclamaba su identidad particular, revisaba su pasado y, en pa-

labras de la poeta lesbiana Audre Lorde: «Discutía las limitaciones de la fijación del feminismo blanco con la primacía del género como opresión».

En el caso de Combahee River Collective, a la doble opresión que supone ser negra y mujer se añadía la de la pertenencia al colectivo LGTBIQ. Ante el protagonismo y la *blanquitud* de la agenda feminista, activistas de Combahee River Collective, como la ensayista Barbara Smith, fundaron la editorial Women of Colors, destinada a proporcionar una bibliografía feminista no blanca. Aunque el término «interseccionalidad» no será acuñado hasta la década de 1980, Combahee River Collective maneja el de «simultaneidad» para referirse a esta red de opresiones que conforma el espectro de la identidad: mujer-*cis*-negra-clase media, mujer-*trans*/-lati-

na-migrante y un sinfín de combinaciones que hacen que referirse a experiencias comunes a las mujeres resulte un acto simplista y muy nocivo a la hora de articular una lucha feminista útil. Tras los asesinatos de Boston, en 1979, de doce mujeres negras, Barbara Smith se refirió a la doble naturaleza racista-machista de los crímenes y subrayó la necesidad de hablar sobre la violencia específica que se ejerce contra las mujeres negras.

Ya en 1991, la afroamericana Kimberlé Williams Crenshaw, académica especializada en raza y género, desarrolló en un artículo la teoría de la «interseccionalidad». Con ella examinó los sistemas superpuestos de opresión a los que las mujeres son expuestas en función de su etnia, de su orientación sexual, de su identidad de género, de su edad, de su nacionalidad, de su situación económica, de su salud mental, etcétera: toda una gama de ejes identitarios que deben tenerse en cuenta para tratar de establecer una comprensión de la exclusión y de la injusticia social más acertada. Así, el género queda desplazado como primer factor a la hora de determinar el destino de las mujeres y aparece complementado por muchos otros, que actúan de manera conjunta y que difícilmente son separables.

Ante la *blanquitud* de la agenda feminista, se funda la editorial Mujeres de Color, con bibliografía feminista no blanca.

Gloria Anzaldúa *and The New Mestiza*

«El género no es el único factor de opresión. Existe la raza, la clase social, la orientación religiosa [...]. Lo que quiero decir es que de alguna manera esas mujeres eran estupendas. Eran blancas y muchas eran bolleras y muy solidarias. Pero también estaban bastante ciegas sobre nuestras múltiples opresiones. No comprendían lo que estábamos viviendo. Querían hablar por nosotras porque tenían una idea de lo que era el feminismo, y pretendían aplicar su concepto de feminismo en todas las culturas [...]. Su idea es que todas nosotras carecíamos de cultura concreta porque éramos feministas y, por lo tanto, no teníamos ninguna otra cultura. Pero ellas nunca se dejaban su *blanquitud* en casa. Su *blanquitud* impregnaba todo lo que decían. Sin embargo, querían que yo renunciara a mi identidad chicana y me convirtiera en una de ellas, se me pedía que dejara mi raza en la puerta.»

La que habla es la escritora feminista Gloria Anzaldúa, nacida en el sur de Texas en 1942 en el seno de una familia de inmigrantes mexicanos. El pensamiento y la obra de Anzaldúa tienen gran relación con este pasado migrante y remiten constantemente al concepto de «frontera» como un espacio casi metafísico, psicológico, sexual y espiritual: una gran herida abierta en la que la autora habita y en la que continuamente se renegocia. Hija de trabajadores de los ranchos texanos, tuvo que dedicarse a la agricultura mientras avanzaba en sus estudios artísticos en la universidad. Tras obtener su título, se dedicó a dar clases de inglés a la flotante población de niños migrantes que acompañaban a sus padres en su búsqueda de trabajo a través del sur de Estados Unidos, mientras se introducía en los estudios académicos, ámbito en el que se sintió aislada por su identidad cultural y sexual como mujer chicana y lesbiana. Desde la universidad la obligaron incluso a tomar clases para deshacerse de su acento, una experiencia sobre la que escribe: «El anglo con cara de inocente nos arrancó la lengua».

El año 1983 —en el que pronuncia las palabras de la cita de inicio— resulta determinante para su vida intelectual: en la lucha de la comunidad chicana las mujeres comienzan a ganar protagonismo y, gracias a aportaciones como las del feminismo negro, los estudios feministas empiezan a abrirse al concepto de «raza» y los estudios raciales, a la crítica feminista. Para Anzaldúa la lucha mestiza es feminista. Acostumbrada a unir diferencias y a tender puentes, decidió reunir las voces de sus compañeras racializadas y coordinó una recopilación de textos que hoy se considera mítica: *Esta puente, mi espalda. Voces de mujeres tercermundistas en los Estados Unidos*. En esta obra mujeres chicanas, afroamericanas, asioamericanas y nativoamericanas aportan ensayos, poemas y ficciones sobre sus experiencias como no caucásicas, así como su capacidad para generar y para hablar desde otros conocimientos.

El libro que la catapultó fue *Borderlands/La Frontera. The New Mestiza* (1987), un texto híbrido en el que mezcla el inglés con el castellano y con el *spanglish*. En él las referencias a la Virgen de Guadalupe y a la religión africana yoruba, la teoría, la historia, la autobiografía y la mitología, al igual que la poesía, el ensayo y la ficción, tratan de explicar la cultura mestiza de Anzaldúa y su experiencia como mujer receptora de múltiples legados (lesbiana y chicana en la frontera de Estados Unidos). Para Anzaldúa las personas fronterizas son, además, seres que se definen por encontrarse culturalmente incómodos, a los que, con el propósito de silenciarlos, se les censura, debido a su acento y a sus modismos, no hablar una lengua de manera correcta.

Rebelde, fronteriza, liminal y orgullosa, Anzaldúa escribió: «Fui muy *hocicona*».

Anzaldúa, con sus escritos, abrió la puerta a toda una necesaria generación de mujeres *hociconas*.

1990 La artista **Shirin Neshat** regresa a Irán, su tierra natal, tras la Revolución islámica (1979), y a través de sus obras establece un discurso crítico en dos sentidos: contra los contextos sociales y políticos que minan la libertad de las mujeres y contra los limitados estereotipos occidentales sobre las mujeres musulmanas.

1991 **Rigoberta Menchú**, guatemalteca del grupo maya quiché, recibe el Premio Nobel de la Paz por su lucha en la defensa de los derechos de los pueblos nativos de Latinoamérica.

1993 **Mia Zapata**, cantante de la banda The Gits y relevante figura de la escena musical grunge y punk de Seattle, es violada y asesinada.

1992 **Fatema Mernissi**, ensayista marroquí, publica *El harén político. El profeta y las mujeres*, dedicado a la relación entre el islam y la opresión contra las mujeres. Tras hacer una revisión de los textos coránicos, Mernissi concluye que Mahoma fue una figura progresista y partidaria de la igualdad, por lo que fue la interpretación de sus seguidores la que hizo que dicha opresión se estableciera.

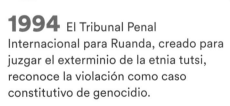

1997 El asesinato de la granadina **Ana Orantes** por parte de su exmarido, días después de la aparición en televisión de esta última, conmociona a la sociedad española.

1994 El Tribunal Penal Internacional para Ruanda, creado para juzgar el exterminio de la etnia tutsi, reconoce la violación como caso constitutivo de genocidio.

1996 La banda **Spice Girls** conquista la escena londinense con su primer single: «Wannabe». Las británicas inundaron el *mainstream* mundial con el mensaje del *girl power*, encumbraron la amistad entre chicas e hicieron que las adolescentes cantaran estribillos con letras como «God help the mister, yeah God help the mister that comes between me and my sisters» («Dios ayude al hombre que se ponga entre mí y mis hermanas»).

1991 **Anita Hill** denuncia públicamente el acoso sexual sufrido durante su etapa de becaria por parte de Clarence Thomas, entonces candidato al Tribunal Supremo de Estados Unidos. Aunque la denuncia no truncó la carrera del juez, tuvo sus consecuencias: el acoso sexual cobró un gran protagonismo público y se adoptaron medidas legales para proteger a las víctimas.

1991 **Celia Amorós** funda el curso de historia de la teoría feminista del Instituto de Investigaciones Feministas (UCM) y asienta los estudios académicos españoles en este campo.

1991 El **Greenham Common Women's Peace Camp** (Inglaterra), situado a modo de protesta junto a una base militar estadounidense con noventa y seis misiles nucleares, obtiene una de sus mayores victorias al lograr el traslado del último de ellos.

1992 Comienza la **guerra de Bosnia**, con el uso de la agresión sexual como arma bélica.

1992 **Anahita Ratebdaz**, ministra de Educación de la República Democrática de Afganistán, se exilia en Alemania ante la toma del poder por los muyahidines, guerrilleros islamistas armados por Estados Unidos para luchar contra el Gobierno afgano.

1997 La supermodelo somalí **Waris Dirie** habla para *Marie Claire* de la ablación que sufrió de niña junto a sus hermanas y se convierte en una activista contra dicha práctica, usual en ciertas zonas de África y Asia.

1997 La argentina **Mariela Muñoz** consigue que, por primera vez en su país, el DNI de una mujer transexual refleje su género y su nombre femeninos.

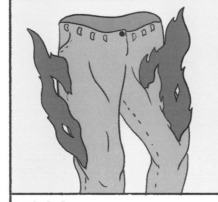

1998 El Tribunal Supremo italiano absuelve de violación a un profesor de autoescuela que había abusado de una alumna seis años atrás, con el pretexto de que la víctima llevaba unos tejanos ajustados difíciles de quitar y que, debido a ello, juzgó que la relación fue consentida. La decisión levantó una oleada de protestas.

1999 **Samia Sarwar**, mujer paquistaní que acababa de iniciar su proceso de divorcio, es asesinada por un sicario enviado por su familia a las oficinas de las hermanas Jahangir, dos abogadas que en 1980 habían abierto el primer bufete feminista del país, especializado en casos de violencia machista.

2000

Década de 1990

Bosnia: la guerra contra las mujeres

Durante la guerra de Bosnia, entre veinte mil y cuarenta y cuatro mil mujeres y niñas bosnias, sobre todo musulmanas, fueron secuestradas y encerradas en diferentes lugares acondicionados para ello, como la llamada Casa de Karaman. En dichos centros, muy activos durante las masacres de Foča y el sitio de Sarajevo, a las condiciones de vida infrahumanas se sumaban las incesantes violaciones por parte de policías y militares serbios. A menudo, las mujeres se entregaban a determinados hombres como botín de guerra. Estos se las llevaban, las sometían a todo tipo de abusos, se las intercambiaban, las regalaban, traficaban con ellas o las asesinaban, y, en ocasiones, las devolvían nuevamente al centro. Tras la guerra de Bosnia, las violaciones fueron reconocidas por primera vez como arma de guerra, empleadas como una herramienta de limpieza étnica y genocidio. Después del conflicto, varios hombres fueron condenados por crímenes relacionados con la violencia sexual.

Dinamitación de los derechos conquistados por las mujeres afganas

Con la Revolución de Abril de 1978, instigada por el Partido Democrático Popular de Afganistán, se instaura en el país un régimen comunista que prohíbe el uso del burka y que aprueba un decreto que implanta la igualdad civil efectiva entre hombres y mujeres y elimina las «injustas relaciones feudales patriarcales dentro del matrimonio». Las mujeres acceden al Gobierno, en el que la doctora Anahita Ratebdaz se convierte en una de las cuatro primeras elegidas para el Parlamento y ejerce su cargo como ministra de Asuntos Sociales y de Educación. Su principal objetivo fue el de alfabetizar a toda la población afgana, casi una utopía. Durante el Gobierno del Partido Democrático Popular de Afganistán, apoyado por la Unión Soviética, Estados Unidos se encargará de aportar armas y entrenamiento a los muyahidines, fundamentalistas islámicos contrarios al Gobierno que conseguirán derrocarlo en 1992 con ayuda de la CIA. Con el ascenso de los muyahidines, los derechos conquistados por las mujeres desaparecerán, lo que constituirá el inicio de una terrorífica época de represión y de deshumanización de estas.

El recuerdo de Mia Zapata y Home Alive: el arte de la autodefensa

La violación y asesinato de la cantante Mia Zapata conmocionó a la ciudad de Seattle y a las bandas que compartían escenario con The Gits. La escena musical del grunge era cada vez más consciente de la violencia de la que eran objeto las mujeres, gracias al feminismo de grupos como Bikini Kill o Bratmobile y de bandas como Fugazi y Nirvana, que solían integrar en sus temas la denuncia de las agresiones machistas. Tras conocerse el crimen, la baterista de la banda 7 Year Bitch, con el apoyo de la escena musical de Seattle, fundó Home Alive, una organización dedicada a enseñar a las mujeres defensa personal. En 1996 se lanzó *Home Alive. The Art of Self Defense*, un álbum destinado a recaudar fondos.

Ruanda: el genocidio tutsi y el caso Akayesu

El genocidio tutsi fue un acto de exterminio masivo perpetrado por radicales del grupo hutu en Ruanda. El conflicto entre ambos, pertenecientes a la etnia banyuaranda, había sido alimentado e instigado por el Gobierno colonial belga con el propósito de reforzar su propia autoridad. Dentro de los juicios posteriores al genocidio, durante el que fueron violadas miles de mujeres tutsi, el llamado caso Akayesu constituyó un hito mundial: la primera condena internacional por genocidio y la primera en reconocer la violencia sexual como un acto consustancial a este. El Tribunal Penal Internacional para Ruanda, creado en noviembre de 1994, declaró a un acusado culpable de violación por no haber impedido una agresión sexual en su calidad de oficial, aunque él no la hubiera cometido. El tribunal consideró que la violación era un delito de tortura y que la violación generalizada constituía un acto de genocidio.

Campamento de mujeres contra las armas nucleares

 El Greenham Common Women's Peace Camp, que se levantó en 1981, fue el más famoso de los campamentos contra las armas nucleares de Europa, al lograr concienciar a Inglaterra sobre la base de un duro trabajo: las mujeres aguantaron las inclemencias del tiempo, las enfermedades y el acoso de la policía militar. En esos diecinueve años de actividad —ya que no se desmontó hasta que no se les permitió levantar un espacio que recordara los años de lucha—, las mujeres saltaron las vallas e invadieron el espacio del silo —disfrazadas de ositas para subvertir la disciplina militar— y realizaron vigilias durante las que sostenían espejos delante de los militares para que estos pudieran verse reflejados. Una parte importante de sus reivindicaciones pacíficas estaba basada en su condición de madres de las futuras generaciones, del mismo modo que grupos de madres chechenas y rusas se opusieron a la guerra que estalló en 1994, pero su activismo de guerrilla y de confrontación anunciaba también muchas de las estrategias feministas antiglobalización, como las de la Marche Mondiale des Femmes iniciada en 1998.

Ana Orantes, la necesidad del testimonio

 El 4 de diciembre de 1997, Ana Orantes rompió el silencio que rodeaba a la violencia machista —todavía considerada un asunto de violencia doméstica en España— en el programa *De tarde en tarde*, de Canal Sur. Allí, Orantes relató la terrible violencia a la que la sometía su ahora exmarido, José Parejo,

desde hacía cuatro décadas. Trece días después, el 17 de diciembre, José Parejo, contra el que Orantes había interpuesto distintas denuncias, la quemó viva. El asesinato provocó una reforma del código penal, el cual hasta ese año consideraba a las mujeres asesinadas por sus maridos víctimas de parricidio (de un familiar en primer grado) en lugar de víctimas de violencia de género. Otro ejemplo de la falta de sensibilidad hacia las víctimas de violencia machista fue el fallo del tribunal en relación con la separación de Orantes y Parejo, que la había obligado a la aterradora situación de tener que compartir casa con su agresor. El asesinato de Orantes provocó una oleada de manifestaciones y sensibilizó a los medios de comunicación con respecto a este tipo de violencia, que, lejos de disminuir, ha seguido propagándose de manera atroz y continuada.

Mariela Muñoz, madre coraje

 Mariela Muñoz, pionera y activista en favor de los derechos del colectivo LGTB en Argentina, fue una figura pública muy reconocida por haber puesto sobre la mesa el debate sobre la maternidad ejercida por mujeres transexuales. Tras un largo historial de adopciones no oficiales, haciéndose cargo de niños y de niñas abandonados por sus padres o cuyas madres —en su mayoría trabajadoras sexuales— no podían mantener, un juez, en 1993, la apartó de tres niños que tenía a su cargo, lo que ocasionó un profundo dolor a ambas partes. Los niños y niñas que en su infancia fueron acogidos y cuidados por Muñoz siempre la consideraron una madre y se encargaron de atenderla y de acompañarla durante su vejez, después de que ella sufriera un accidente cerebrovascular. Algunos de ellos, ya adultos, aportaron sus testimonios en el documental *Amor a paso de gigante*, de Maria Audras, en el que se narra la historia de Mariela Muñoz: su construcción de una gran familia basada en el amor y su lucha para conseguir el reconocimiento de su identidad.

Utopías ciberfeministas y disciplina misógina

La popularización de internet en la década de 1990 supuso la apertura de todo un nuevo campo de acción para el feminismo. La novedad fue recibida con grandes expectativas al teorizarse que, en ese espacio no físico que es la red, los condicionantes de género que modelan las identidades y las relaciones entre hombres y mujeres no existirían, una idea ya adelantada por Donna J. Haraway en su célebre *Manifiesto para cyborgs* (1985), en el que describe a estos como criaturas posgénero, mutantes, de fluida identidad, alianza entre máquina y ser humano.

Uno de los primeros grupos en abrazar el potencial internauta fue el de las australianas VNS Matrix (1991), cuyo trabajo no se limita a emplear internet como espacio de difusión, sino que cuestiona la tradicional distancia entre mujeres y tecnología mediante una sexualizada y provocadora propuesta de unión entre ambas que coquetea con la idea del *cyborg* de Haraway.

Ya en 1997 nace en España *Mujeres en Red*, periódico feminista *online* que empleará todo el potencial de las redes para la divulgación y la difusión de los feminismos, así como para la creación de redes de solidaridad entre mujeres. En 1998, la filósofa inglesa Sadie Plant publica *Ceros y unos: mujeres digitales y tecnocultura*, un relato feminista de la historia de la tecnología que se vertebra mediante un paralelismo entre los telares tradicionalmente femeninos y el estudio de la matemática Ada Lovelace sobre la máquina analítica de Babagge, germen de la programación informática.

La necesidad de construir este nuevo espacio virtual de una forma igualitaria ha llevado al nacimiento de las editatonas feministas: jornadas destinadas a la edición y mejora de artículos de Wikipedia para subsanar su falta de contenidos sobre mujeres. El colectivo Fembot (2011) ha organizado, en colaboración con la revista *Ms.*, diversas editatonas e incluso hackatonas, eventos para el desarrollo de software libre, enfocados al fomento del uso de la tecnología por las mujeres y al aumento de la presencia de referentes femeninos en las redes. Formado por activistas, artistas y estudiosas, Fembot publica el periódico *online* Ada. *A Journal of Gender, New Media, and Technology* y ha producido la infraestructura para FemTechNet, una plataforma rebosante de recursos sobre feminismo, ciberfeminismo y teoría feminista de la tecnología.

Las mujeres luchan por hacerse un hueco en el masculinizado mundo de la informática pese al continuo boicoteo por parte de sus compañeros, que llegaron a lograr la cancelación de un evento destinado a mujeres *gamers* —el Gaming Ladies de Barcelona— a fuerza de acoso y amenazas.

Por su parte, comunidades de mujeres *hackers* como FOSSchix Colombia, Fedora Women o Chicas Linux luchan a diario por hacerse un hueco en el masculinizado mundo de la informática, mientras las *gamers* hacen lo propio, pese al continuo boicoteo por parte de sus compañeros, que llegaron a lograr la cancelación de un evento destinado a mujeres *gamers* —el Gaming Ladies de Barcelona— a fuerza de acoso y amenazas.

Más allá de las mujeres de carne y hueso ocultas tras *nicknames*, incluso las mujeres artificiales sufren violencias: la *robot sexual* Samantha, expuesta en la feria de electrónica de Austria, fue agredida por varios visitantes varones, y una madre estadounidense denunció la violación múltiple que sufrió el avatar de su hija de siete años en la plataforma de videojuegos Roblox.

Gritos y pintalabios: la tercera ola feminista

Uno de los aspectos del feminismo —o de los feminismos— más difíciles de explicar es su gran variedad de discursos y su capacidad para generar debates internos. Estos pueden ser estratégicos, conceptuales o políticos, pero también generacionales.

El concepto «tercera ola», creado para señalar un cambio de enfoque respecto a la llamada «segunda ola» del feminismo —nacida a principios de la década de 1960 en Estados Unidos—, fue popularizado por la activista afroamericana Rebecca Walker, que, en 1992, publicó un artículo en la revista feminista *Ms.* titulado «Becoming the Third Wave». Las feministas de la tercera ola, activistas de países anglosajones nacidas a partir de la década de 1960, trataron de responder a los problemas y retos de las mujeres de la década de 1990: se levantaron contra ciertos rasgos del feminismo construido en la ola anterior para cuestionar su rígida definición de lo que es ser «buena feminista» y, al mismo tiempo, reconocieron y disfrutaron de los beneficios obtenidos por la generación anterior. Una de las tareas centrales de la tercera ola consiste en la organización de nuevas formas de enfrentarse al individualismo de la década de 1990. La apreciación de la diferencia racial, sexual, de identidad de género y de las distintas capacidades, pero también de las diferentes edades o etapas vitales, constituye uno de los grandes logros de este movimiento. Con una visión positiva del sexo, muchos de sus discursos se apropian de conceptos considerados antes denigrantes, como el de *bitch* («perra»), para eliminar su sentido peyorativo y emplearlos desde el empoderamiento.

Junto con dichos valores, podemos destacar su análisis del machismo, centrado más en la vida co-

tidiana que en las grandes estructuras de poder; su base teórica posmoderna, y su visión del mundo, ampliada a una gran diversidad de experiencias personales. Su rechazo a la consideración de las mujeres como víctimas se suma a su uso de la cultura popular para representarse políticamente, no ya como consumidoras pasivas, sino como feministas críticas: aplauden series de televisión como *Buffy, cazavampiros*, analizan el hip-hop y reivindican su libertad para adoptar al gusto códigos estéticos, incluso los más tradicionalmente femeninos.

Sus manifestaciones culturales sitúan como influencias fundamentales a autoras no blancas o decoloniales, como bell hooks o Gloria Anzaldúa, y optan por publicaciones alternativas como *Bitch* o *Bust Magazine* y por la producción y distri-bución musical y editorial del ámbito de las Riot Grrrl, convertidas, en la década de 1990, en grandes herramientas del activismo. Como factor esencial, hay que añadir que la tercera ola surgió en el momento en que internet comenzaba su expansión, por lo que sus discursos calaron en toda una generación de mujeres que después se iniciarán en el activismo por medio de las redes: el feminismo accede a un nuevo territorio de conquista.

Una de las tareas centrales de la tercera ola consiste en la organización de nuevas formas de enfrentarse al individualismo de la década de 1990.

La gran fotocopiadora de género: Judith Butler y la construcción de la identidad

Un médico dice delante de una ecografía: «¡Es una niña!». Tus padres, después de que te cayeras en el parque, comentan: «No llores, bonita, que te pones fea». Una amiga del instituto, tras cortarte el pelo: «Tú eres bollera, ¿verdad?». Todas estas frases nos interpelan y, de alguna forma, hacen que construyamos nuestra identidad sobre su base, aunque a priori puedan parecer solo palabras.

Este es uno de los principales temas de la filósofa estadounidense Judith Butler, especializada en género y catedrática de la Universidad de Berkeley: el modo en que construimos nuestra identidad y nuestra subjetividad y cómo los discursos que nos rodean influyen en dicha construcción. Butler es la autora más importante del llamado feminismo *queer* académico, debido a sus imprescindibles libros: *El género en disputa. El feminismo y la subversión de la identidad* (1990) y *Cuerpos que importan. Sobre los límites materiales y discursivos del «sexo»* (1993). Judith Butler nos habla de cómo nuestra identidad nunca está completamente cerrada, ya que nuevas interpelaciones la pueden transformar. De hecho, es una pensadora que ha subrayado que la identidad «mujer», esa que enarbolaba el feminismo de la década de 1960, no debería constituir una categoría cerrada y definida, y, del mismo modo, la categoría «gay» o «lesbiana», que el movimiento LGTB construyó en la década de 1970, tampoco resultaría tan estable. Así, llega a afirmar que eso que conocemos como «identidad» quizá ni siquiera exista. Para Butler, la «identidad» —«yo soy mujer/lesbiana», etcétera— no sería más que la reproducción individual de discursos que provienen de espacios de autoridad como la medicina —«la ecografía dice que es un niño»—, de la familia —«vamos machote, que no pasa nada por haberte caído»— o de los movimientos sociales —«para el feminismo radical ser lesbiana es una opción política».

Para Butler, nuestra identidad de género —«soy mujer»— no es algo fijo o previo que dependa de, por ejemplo, la presencia de unos genitales —«soy mujer porque tengo vagina»—, sino que está en constante construcción y depende de la reproducción de actos asociados a definiciones —«soy mujer porque en el metro no me siento despatarrada».

Para explicar esto, Butler utiliza el concepto de «performatividad». Este último tiene trampa, ya que, en general, se piensa que remite a que somos actores-actrices que reproducimos por propia voluntad un papel de género —«como mujer elijo no despatarrarme en el metro»—, como si estuviéramos en una obra de teatro, pero en verdad podríamos hablar de que funcionamos más bien como una fotocopiadora automática de formas de actuar, de hablar y de movernos. Nuestros actos —como el modo en que nos sentamos en el metro— forman parte de una gran cadena de discursos —las mujeres, para ser femeninas, deben ocupar poco espacio— de los que somos parte; es decir, nuestro género sería más un efecto del discurso que algo sobre lo que podamos decidir. Butler señala que cuando las mujeres se comportan de manera femenina, cuando, por ejemplo, se sientan recogiéndose y sin invadir el espacio, citan inconsciente y forzosamente una norma de género que se aprende con disciplina y castigo.

Por ello, al habitar dentro de discursos, no podemos escoger entre ser hombres o mujeres como si eligiéramos un vestido, sino que, en todo caso, podríamos coserle un parche o unos volantes a ese vestido impuesto para señalar que deseamos llevarlo de manera poco convencional. Existiría entonces poco espacio para la subversión, pero Butler habla de las *drags* —hombres que se visten de mujeres con fines artísticos— como ejemplo de cómo podemos poner pequeñas piedras en esa maquinaria de discursos en la que vivimos y que nos machaca con la idea de que sexo y género son naturales.

SIGLO

XXI

2000 Se celebra en agosto en Olympia (Washington) el primer **Ladyfest**.

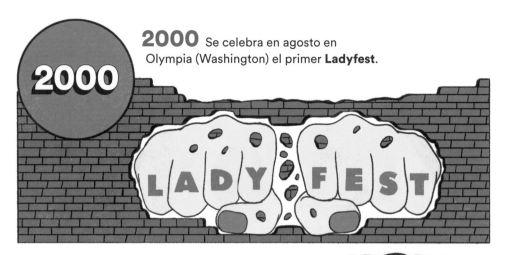

2000 El Ejido (Almería) estalla en disturbios tras el asesinato de una mujer por un joven magrebí. Hordas de hombres destrozan locales musulmanes y agreden a inmigrantes. Además, destruyen el Centro de la Federación de Mujeres Progresistas, un ejemplo de la instrumentalización de la violencia machista por los interesados en articular un discurso xenófobo, nunca basado en un deseo real de igualdad para todas las mujeres.

2003 *The New York Times* califica a **Irshad Manji**, guionista y activista nacida en Uganda, de «la peor pesadilla de Osama bin Laden». Manji rechaza las interpretaciones ortodoxas del Corán y se decanta por el llamado *ijtihad* o «derecho a la interpretación religiosa». Manji, lesbiana, considera que la condena de la homosexualidad por parte del islam oficial contradice la tradición coránica que afirma: «Dios hizo bueno todo lo que él creó».

2003 **Giuliana Sgrena**, reportera secuestrada en Irak, critica el papel de las fuerzas armadas en el conflicto y las acusa de impedir la libertad de los periodistas y de eludir la responsabilidad de sus actos. Además, declara que esta guerra estaba fundamentada en «la mentira de las armas de destrucción masiva, que ahora todos, incluido José María Aznar, reconocen que no existían».

2004 La arquitecta angloiraquí **Zaha Hadid** se convierte en la primera mujer en ganar el Premio Pritzker, el galardón más prestigioso en su disciplina.

2006 Se funda el movimiento de activistas indias **Gulabi Gang** —Guerreras del Sari Rosa—, que actúa en la región norte de la India contra la violencia de género y contra los policías y políticos corruptos.

2003 Se cumplen diez años de los primeros feminicidios de **Ciudad Juárez**.

2005 La guatemalteca Regina José Galindo se alza con el León de Oro a la mejor artista joven en la 51.ª Bienal de Arte de Venecia con *Himenoplastia*, una *performance* en la que la artista se sometió a una operación real de reconstrucción de himen para «volver a ser virgen». Las imágenes de la acción subrayan lo peligroso y cruel de esta práctica, realizada con frecuencia en Latinoamérica sin unas condiciones mínimas de higiene y destinada a proporcionar a los varones un sentimiento de exclusividad respecto a sus futuras esposas.

2002 La fotógrafa sudafricana **Zanele Muholi** cofunda el Foro para el Empoderamiento de Mujeres y documenta historias de delitos de odio contra la comunidad LGTB. Muholi se centra en la denuncia de la violación correctiva, una agresión contra las lesbianas que castiga su transgresión de la norma heterosexual.

2003 El movimiento feminista francés de mujeres jóvenes musulmanas **Ni Putes ni Soumises** inicia una serie de marchas para pedir el fin de la violencia sexual y del sexismo en los barrios del extrarradio de París.

2003 Debido al bloqueo impuesto por Israel a **Palestina**, las mujeres embarazadas dan a luz en terribles condiciones, pierden a sus hijos o mueren por falta de atención médica.

2008 Se crea en España el breve y mal financiado **Ministerio de Igualdad**.

2008 La economista ucraniana Anna Hutsol funda el grupo **Femen**.

2008 En medio de una devastadora crisis económica, la inmigrante búlgara **Konstantina Kouneva** es atacada con ácido en las calles de Atenas. Kouneva trabajaba como limpiadora y era la secretaria de la Asociación de Empleadas Domésticas de la Provincia de Ática. Tras el ataque, sufrió terribles secuelas: perdió la visión de un ojo y padeció graves problemas con las cuerdas vocales. El trauma, sin embargo, no le impidió rehacer su vida y convertirse en eurodiputada.

2007 Virginia Despentes publica su hoy popular *Teoría King Kong*, referente de una nueva generación de feministas, que aporta una innovadora reflexión sobre la violación y la victimización de las supervivientes.

2008 Teresa Perales, nadadora paralímpica española, gana cinco medallas en los Juegos Paralímpicos de Pekín: tres de oro, una de plata y una bronce.

2009 Un hombre armado asalta el pueblo de mujeres **Umoja Uaso**, en Kenia, un asentamiento exclusivamente femenino destinado a acoger a mujeres en situación de vulnerabilidad. El atacante resultó ser el exmarido de Rebecca Lolosoli, fundadora del pueblo a la que intentó agredir sin éxito.

Década de 2000

Ladyfest: música, fanzines y chicas

 Los Ladyfest asumirán el feminismo y la autogestión como rasgos distintivos. Aunque en sentido estricto no son festivales de música, su relación con el movimiento Riot Grrrl de la década de 1990 suele congregar a bandas ideológicamente afines, además de dar pie a la venta, trueque y muestra de fanzines. Los Ladyfest sirven como escaparate de un modo distinto de hacer y de compartir cultura, en el que se tejen redes de apoyo entre mujeres y se crean alternativas al capitalismo y a la industria cultural hegemónica. Lúdicos y, a la vez, plenamente políticos, trabajan para generar espacios y erradicar las actitudes sexistas, homófobas, xenófobas, etcétera, aunque existen ejemplos de que, en lo que respecta al colectivo de mujeres *trans*, el Riot Grrrl y los Ladyfest han fracasado a menudo como *safe space*, con un ejemplo clave en el Michfest de 1999, que solo admitía a mujeres *cis*. Desde su primera celebración en Olympia (Washington), los Ladyfest han tenido réplicas en Estados Unidos, Latinoamérica y Europa. El primero que se celebró a escala nacional tuvo lugar en Madrid en 2005.

Ser mujer en Gaza

 Con Gaza sumida en las constantes incursiones represoras de Israel y la prohibición de la libre circulación, las mujeres se ven obligadas a dar a luz en controles junto a la carretera, y muchas pierden a sus bebés ante la negativa de los soldados israelíes, que no les permiten el tránsito hacia los hospitales. Esta situación constituye una importante fuente de ansiedad para las palestinas de todos los territorios ocupados: Rula Ashtiya tuvo que dar a luz en una carretera, junto al control de Beit Furik, después de que soldados israelíes le negaran el paso al hospital de Nablus. Su bebé murió unos minutos después. Desde 2006, con la subida al poder de Hamás, y, sobre todo, desde 2008, con los bombardeos y ataques constantes de Israel sobre Palestina, la vida en los territorios ocupados se convertirá, sencillamente, en inviable. Informes de Amnistía Internacional señalaron que los bloqueos impuestos por Israel impiden a las mujeres el acceso a centros de trabajo y de educación, y las aíslan, algo muy perjudicial para aquellas que viven lejos de sus familias y que sufren dificultades o abusos en sus relaciones conyugales. Las mujeres se han visto afectadas de una manera especial por las demoliciones de casas y por la tensión derivada de este hecho: la violencia contra las mujeres en la familia ha ido en aumento y el deterioro de la situación económica y de seguridad han agravado, en la sociedad palestina, los problemas de desigualdad de género y de control sobre las mujeres por parte de los hombres.

Los feminicidios de Ciudad Juárez

 Desde que, en 1993, se iniciaran los asesinatos de mujeres en Ciudad Juárez y muchos de los nombres de las más de trescientas mujeres asesinadas y torturadas se olvidaran, la ciudad se había convertido en ejemplo de cómo la pobreza económica, la globalización y el machismo se pueden confabular para crear un escenario aterrador. Ciudad Juárez representa a un país empobrecido por los tratados de libre comercio y está plagada de espacios poco urbanizados y conquistados por las grandes fábricas estadounidenses que buscaban trabajadoras baratas, temporales y con pocos vínculos sociales en una ciudad que, por su carácter fronterizo, presenta unas altas tasas de criminalidad y donde ser mujer joven y nativa constituye un verdadero peligro. La denuncia de esta situación empezó por la reivindicación de las madres de las asesinadas, quienes, asqueadas por la inacción de la policía y por el amarillismo de la prensa, decidieron manifestarse. Gracias a su acción, diversos organismos investigaron a fondo los asesinatos, con la implicación de Amnistía Internacional y con una condena por inacción contra el Gobierno mexicano.

El breve Ministerio de Igualdad

La segunda legislatura en España del socialista José Luis Rodríguez Zapatero prometía ser la de las mujeres, en un Gobierno donde estas eran mayoría y en el que, por primera vez, había una mujer al mando del Ministerio de Defensa, Carme Chacón, quien, embarazada de siete meses, visitaba a las tropas en Afganistán. Entre esas ministras, la más joven de la democracia, Bibiana Aído, de treinta y un años, iba a estar al frente del ministerio más breve y peor financiado de nuestra historia reciente: el Ministerio de Igualdad, destinado a acabar con la discriminación y a elaborar una Ley Integral Contra la Violencia de Género. La derecha mediática española, que llevaba años atacando al PSOE, escribía que la ministra de «igual-da» era el «símbolo máximo del Batallón de Modistillas que el presidente paseaba por Madrid», a pesar de lograr sacar adelante una avanzada ley del aborto. El primer ministro italiano, Silvio Berlusconi, dijo que a Zapatero le iba a ser «difícil gobernar con tantas mujeres»; pero no fue el género, sino la crisis económica, lo que dio al traste con un ministerio nacido en 2008 y clausurado en 2010 ante las presiones de la oposición. Pasaría a integrarse en el de Sanidad y Política Social, lo que ha dificultado que las mujeres puedan estar presentes en la toma activa e institucional de las decisiones políticas que les conciernen.

Las Guerreras del Sari Rosa

Los esfuerzos de las Gulabi Gang, activistas indias que actúan en el norte de la India, se centran en la erradicación del matrimonio infantil, de la tradición de la dote y de la violencia dentro del matrimonio. Las Gulabi saben que en la India rural una mujer sola lo tiene muy difícil, por lo que, en lugar de animarlas a abandonar sus hogares, tratan de cambiar la actitud de los maridos y de sus familiares, aunque sea mediante vías que tienden más a la urgencia que a la pedagogía: mediante el diálogo, los escraches o las amenazas, si es necesario (y siempre armadas con sus largos bastones tradicionales). Y es que, en este caso, la rapidez constituye un factor determinante: las niñas llegan, antes o durante la adolescencia, a unos matrimonios desprovistos de amor en los que las agresiones por parte del cónyuge y sus parientes están consentidas legalmente y se encuentran tan integradas en la vida de pareja que tanto hombres como mujeres las reconocen como naturales y necesarias. Responder al marido, postergar las tareas del hogar o no quedarse embarazada desencadenan con frecuencia la violencia: a Janki Devi, como castigo por su esterilidad, los padres de su marido la rociaron con gasolina y le prendieron fuego en 2015, una agresión a la que esta no sobrevivió. Uniendo fuerzas y ejerciendo la acción directa, las Guerreras del Sari Rosa pretenden cambiar esta terrible realidad.

Femen o la no interseccionalidad

Sus integrantes se definen como feministas y llevan a cabo llamativas y mediáticas acciones de protesta, en general con los pechos al descubierto y portando coronas de flores. Sus rasgos más distintivos son la oposición a las religiones y a las instituciones asociadas a estas, su crítica al turismo sexual, su defensa de los derechos reproductivos —sobre todo el derecho al aborto— y el ensañamiento contra determinados hombres de la esfera pública acusados de violación o de abusos sexuales. El grupo es muy criticado tanto desde fuera como desde dentro de los feminismos, por un lado por su uso del desnudo, que sin embargo es extremadamente valiente en los contextos rusos y ucranianos, y por otro desde el feminismo decolonial, especialmente debido a la acción de dos activistas francesas que se besaron en topless en Rabat junto al mausoleo del Rey Mohamed V, héroe nacional de la independencia marroquí —precisamente del Gobierno colonial Francés—, haciendo gala de una actitud enormemente privilegiada e irreflexiva y faltando al respeto a los colectivos LGTB que trabajan en Marruecos, como Aswat, que no fueron consultados respecto a las consecuencias de la acción.

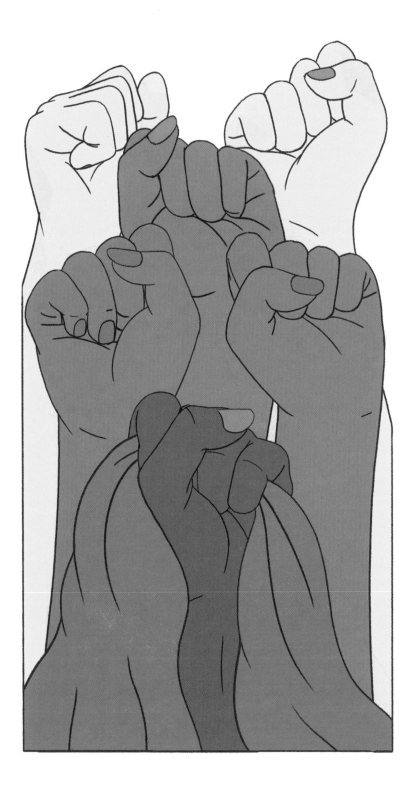

Transgresiones de género y olvidos desde el feminismo

La palabra «transgénero» designa a aquellas personas que no se identifican con el género que se les asignó al nacer, porque tienen plena conciencia de pertenecer al otro, porque no se sienten afines a ninguno de los dos o porque se sienten representados en distinta medida por ambos, de forma constante o variable. En suma: resulta tan amplia como diversa es la identidad de género.

El colectivo transgénero es uno de los que más sufre la violencia machista, tanto social como institucional: la transmisoginia constituye una de las manifestaciones más virulentas del machismo, y las mujeres transexuales padecen constantes ataques verbales y físicos y son asesinadas por su condición en un número elevadísimo. Esto ha llevado al surgimiento de comunidades de personas *trans* que han unido fuerzas para generar espacios seguros en los que convivir, con un destacado ejemplo en STAR, un refugio fundado en Nueva York en la década de 1970 por las activistas Sylvia Rivera y Marsha P. Johnson.

De todas las opresiones que constriñen a las personas transgénero, la del sistema sanitario es una de las más importantes: la creación del «trastorno de identidad de género», incluido en el *Manual diagnóstico y estadístico de los trastornos mentales*, definió la no identificación con el género asignado al nacer como una enfermedad mental, lo que obligó a las personas *trans* a acudir al psiquiatra con el fin de recibir el tratamiento hormonal requerido. Aunque el «trastorno de identidad de género» fue sustituido después por la «disforia de género», existe aún bastante incomprensión hacia este colectivo y las mujeres transgénero han sido las grandes olvidadas del feminismo más oficial.

Durante la llamada segunda ola de feminismo, en un intento por crear un sujeto identitario fuerte y colectivo, se estableció una definición homogénea de la noción «mujer» que subrayaba los aspectos físicos y biológicos tradicionalmente asociados a la feminidad y dejaba fuera a un ingente número de mujeres no representadas por esta limitada conceptualización. Con una óptica más abierta, el «feminismo interseccional» defenderá que no hay una categoría de mujer específica bajo una opresión homogénea, sino que se dan miles de factores que dibujan la experiencia de cada mujer, y, entre ellos, ser una mujer transexual, una mujer que fue asignada como «hombre» al nacer y que no solo ha de hacer frente al machismo, sino también a la discriminación que conlleva la condición de «transgénero». En esta línea de reconocimiento, se ha gestado el transfeminismo, un movimiento «desde y para las mujeres *trans*, que entiende su liberación como algo intrínsecamente ligado a la liberación de todas las mujeres».

El colectivo transgénero, y especialmente las mujeres que pertenecen a él, es uno de los más violentados tanto a nivel social como institucional.

En España, la identidad *trans* ha sido celebrada y reivindicada por distintos colectivos autodefinidos como «transfeministas». En las Jornadas Feministas Estatales de Granada de 2009, un punto de inflexión en este tema, se leyó el *Manifiesto para la insurrección feminista*: «El sujeto político del feminismo "mujeres" se nos ha quedado pequeño […], se deja fuera a las bolleras, a lxs *trans*, a las putas, a las del velo, a las que ganan poco y no van a la uni, a las que gritan, a las sin papeles, a las marikas... Dinamitemos el binomio género y sexo como práctica política».

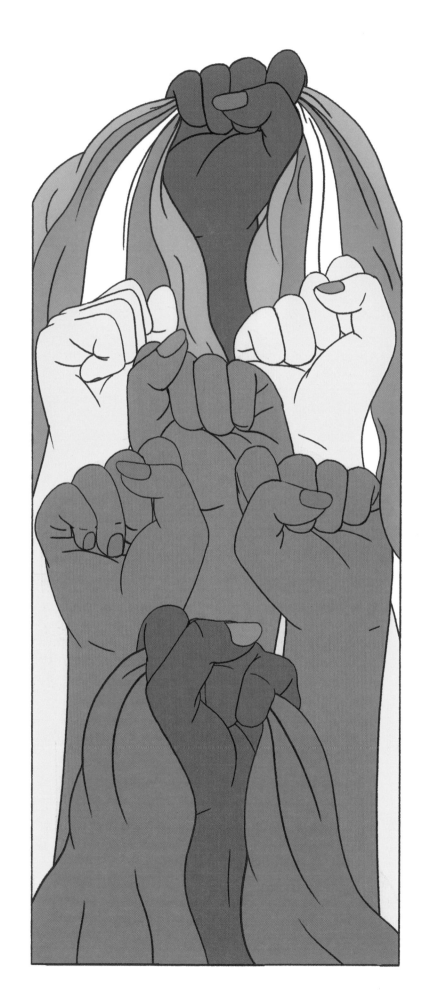

Afrofuturismo: la raza y el género toman la ciencia ficción y la experimentación artística

Las mujeres y las personas racializadas, debido a su posición subordinada, siempre han soñado y luchado por construir unas realidades mejores. En el terreno de la creación, uno de los frutos que ha dado este interés ha sido el afrofuturismo, una tendencia artística multidisciplinar que combina *sci fi*, cultura afro, pensamiento político y especulación de forma creativa y potente en extremo. El afrofuturismo es un espacio decolonial y, gracias a sus autoras, marcadamente feminista: conscientes de la doble opresión a la que se enfrentan, producen obras en las que las identidades «negro» y «mujer» son expuestas, deconstruidas y, en última instancia, abanderadas.

Además de la necesidad de fabricar referentes negros en la literatura y en la cultura popular, una característica clave del afrofuturismo es el deseo de revisión de la historia negra desde todas las disciplinas: en *Parentesco* (1979), la galardonada escritora afroamericana Octavia E. Butler mezcla viajes en el tiempo y *slaves narratives* —testimonios reales de antiguos esclavos africanos— con el fin de acercarnos a la experiencia de la esclavitud desde la mirada de una afroamericana contemporánea, y, en la *performance Whip It Good* (2013), la artista de raíces caribeñas Jeannette Ehlers da latigazos a un enorme lienzo blanco para aludir de forma muy explícita a las profundas heridas con las que todavía carga la comunidad negra.

En una línea similar, la escritora de Barbados Karen Lord recupera tradiciones orales del folclore senegalés en *Redemption in Indigo* (2010), y la afroamericana Nnedi Okorafor —merecedora de los premios Nebula y Hugo por su novela corta *Binti* (2015)— indaga en su herencia nigeriana para fra-

guar un imaginario que hunde sus raíces en las tradiciones y estética de la tribu igbo. Nalo Hopkinson, canadiense de origen jamaicano, es una de las autoras más multidisciplinares en la creación de este tipo de ficciones. Sus obras beben de las culturas caribeñas y yoruba y especulan sobre futuros de tecnologías hiperevolucionadas; en *Ladrona de medianoche* (2000), los humanos llevan implantado un sistema de información que se manifiesta mediante una voz interior inspirada por el *eshu*, un espíritu de la religión yoruba.

En el ámbito audiovisual, las coloristas animaciones y *collages* de la artista keniata Wangechi Mutu reflexionan sobre la cosificación de la mujer negra, y, ya en el ámbito *mainstream*, la película *Black Panther* se basa en la estética de las amazonas de Dahomey (Benín) para el vestuario de las mujeres de Wakanda, un secreto reino africano que dispone de un extraordinario nivel de vida gracias a la posesión de un poderoso metal alienígena (*vibranium*) y que debe decidir cómo actuar ante la opresión que sufre la comunidad negra en el resto del mundo. En suma, el afrofuturismo pone de manifiesto el limitado imaginario que, desde Europa, se maneja de la creación artística africana, a la que se suele identificar con el folclore y con la tradición más que con la creación contemporánea.

El Afrofuturismo es un espacio creativo, decolonial y, gracias a sus autoras, marcadamente feminista.

Amaranta y la M perdida

Tumbada en una hamaca, Amaranta Gómez Regalado, de catorce años, leía *Cien años de soledad* a la sombra de un patio comunitario de la ciudad de Juchitán de Zaragoza, en la zona más rural de Oaxaca, cuna de la importante cultura zapoteca. Este patio había acogido hacía un año —un caluroso agosto de 1990— el cumpleaños de su madre, durante el cual Amaranta se había presentado como *muxe* (o *mushe*). En esta ocasión, tras su lectura de García Márquez, iba a acoger su bautizo. Se llamaría Amaranta, como uno de los personajes del libro. Amaranta Buendía.

Ser *muxe* es para Amaranta una experiencia asimilable al transgénero, pero enmarcada en unos condicionantes culturales específicos: una identidad zapoteca originaria y peculiar, presente desde tiempos prehispánicos y tejida desde lo colectivo. «Ni hombres ni mujeres, sino personas físicamente masculinas pero construidas desde una identidad femenina, vestidas o no de mujer», explica Amaranta. Una categoría aceptada por su comunidad, protagonista tanto de ciertas festividades religiosas como de los halagos del vecindario, como el de la vendedora de queso que grita al paso de la familia: «Ah, ¡qué bonita *muxe* tienes!». A pesar de esta aprobación colectiva, vivir como *muxe* resulta complicado y no está exento de violencia, en especial si, como Amaranta, deseas apartarte de ciertos roles culturalmente asociados a la feminidad, como bordar y adornar.

Amaranta, sin posibilidad de estudiar, debido a las leyes tránsfobas de la época, formó un grupo de travestis a los quince años (New Les Femmes) con el que realizó *shows* y *playbacks* de Paloma San Basilio o Rocío Durcal por todo el territorio mexicano. A su regreso a casa, con ahorros y movida por la energía transformadora que caracterizará siempre su trayectoria, se implicó en la lucha contra el sida, una enfermedad que la tocaba muy de cerca: dos de sus compañeras de grupo y un familiar *muxe* fueron diagnosticadas en un momento en que los fármacos resultaban extremadamente caros, lo que obligó a su abuelo a vender su casa. En 1997 creó Las Intrépidas contra el sida, que rompió con el silencio, la infantilización y la «espectacularización» de las sexualidades de los pueblos nativos, en especial las divergentes. En 2002, con veintitrés años, mientras regresaba a Oaxaca de un acto protocolario relacionado con su activismo contra el sida, Amaranta sufrió un accidente en el autobús en que viajaba y, como consecuencia de este, perdió un brazo. Sin embargo, este duro golpe no apaciguó sus ganas de luchar: tras su recuperación, se transformó en la primera candidata transgénero de México, al frente de un partido que aunaba distintas ONG llamado México Posible. Pese a la atención de los medios y su aparición en las primeras planas de distintos periódicos, Amaranta no logró su propósito en las elecciones de 2007, lo que la condujo hacia un nuevo camino: la universidad. La activista se matriculó en antropología y se presentó como candidata para la representación del alumnado, lo que le permitió votar en la elección del rector. El hecho de que firmara con un nombre de mujer, distinto al que aparecía en los registros, provocó que las actas de la votación fueran invalidadas, un acto de transfobia por parte de la universidad que acabó en la prensa y que pone de manifiesto los numerosos problemas administrativos y burocráticos a los que se enfrentan las personas transgénero.

En 2016, Amaranta acabó la carrera. Su tesis desmitifica desde su propia experiencia muchas de las afirmaciones de los antropólogos sobre la comunidad *muxe* y reivindica la existencia de las sexualidades nativas, a menudo anuladas en los discursos occidentales en las siglas LGTBQ. Para ella, falta la «M de Muxe, la F de Fa'afafine en la Polinesia, una O de Omeguit en Panamá, una T de Two Spirit en Canadá y una H de Hijras en la India»..

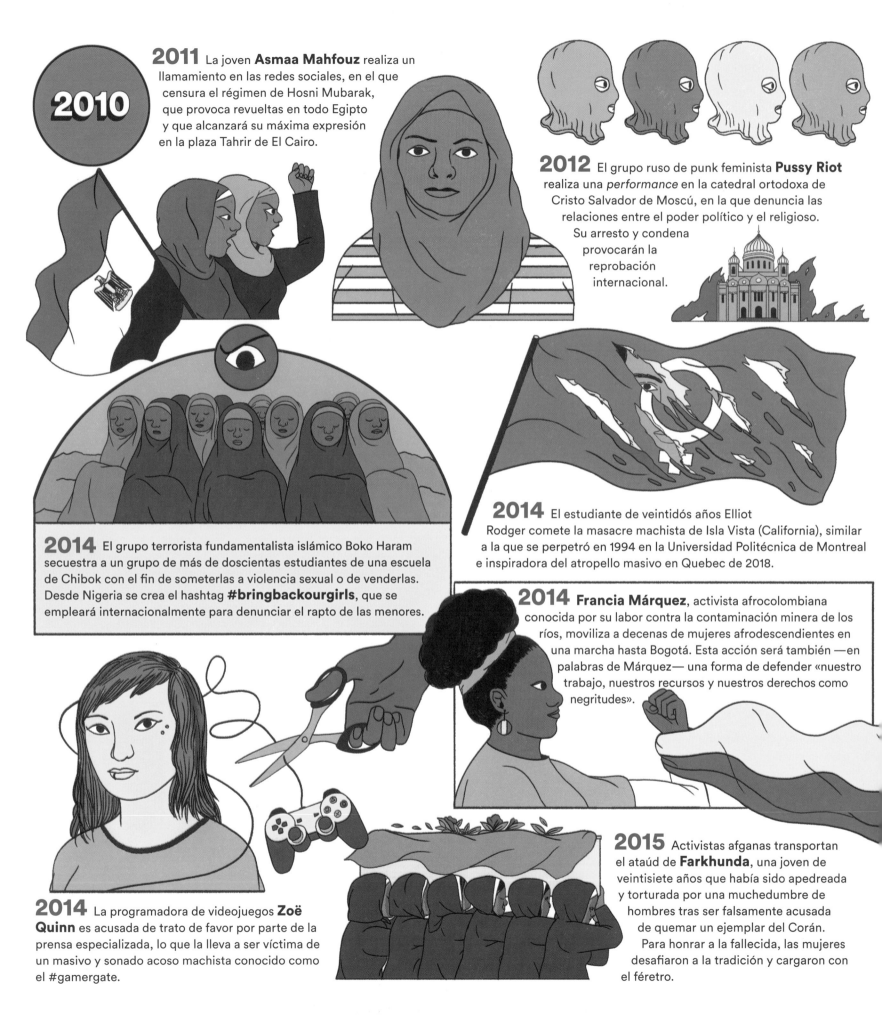

2011 La joven **Asmaa Mahfouz** realiza un llamamiento en las redes sociales, en el que censura el régimen de Hosni Mubarak, que provoca revueltas en todo Egipto y que alcanzará su máxima expresión en la plaza Tahrir de El Cairo.

2010

2012 El grupo ruso de punk feminista **Pussy Riot** realiza una *performance* en la catedral ortodoxa de Cristo Salvador de Moscú, en la que denuncia las relaciones entre el poder político y el religioso. Su arresto y condena provocarán la reprobación internacional.

2014 El grupo terrorista fundamentalista islámico Boko Haram secuestra a un grupo de más de doscientas estudiantes de una escuela de Chibok con el fin de someterlas a violencia sexual o de venderlas. Desde Nigeria se crea el hashtag **#bringbackourgirls**, que se empleará internacionalmente para denunciar el rapto de las menores.

2014 El estudiante de veintidós años Elliot Rodger comete la masacre machista de Isla Vista (California), similar a la que se perpetró en 1994 en la Universidad Politécnica de Montreal e inspiradora del atropello masivo en Quebec de 2018.

2014 **Francia Márquez**, activista afrocolombiana conocida por su labor contra la contaminación minera de los ríos, moviliza a decenas de mujeres afrodescendientes en una marcha hasta Bogotá. Esta acción será también —en palabras de Márquez— una forma de defender «nuestro trabajo, nuestros recursos y nuestros derechos como negritudes».

2014 La programadora de videojuegos **Zoë Quinn** es acusada de trato de favor por parte de la prensa especializada, lo que la lleva a ser víctima de un masivo y sonado acoso machista conocido como el #gamergate.

2015 Activistas afganas transportan el ataúd de **Farkhunda**, una joven de veintisiete años que había sido apedreada y torturada por una muchedumbre de hombres tras ser falsamente acusada de quemar un ejemplar del Corán. Para honrar a la fallecida, las mujeres desafiaron a la tradición y cargaron con el féretro.

2012 **Malala Yousafzai**, una activista que lucha en favor de los derechos de las niñas en el valle del río Swat (Pakistán), donde el régimen talibán ha vetado su acceso a la educación, sufre un intento de asesinato mientras se dirige a la escuela en autobús. Dos años más tarde recibirá el Premio Nobel de la Paz.

2012 En el barrio de Munirka, en Nueva Delhi, una mujer de veintitrés años de edad sufre la brutal violación de un grupo de seis hombres en un autobús, que se desvió de su ruta para permitir que estos —incluido el conductor— pudieran torturar y asesinar a la joven. Este terrible hecho levantó una oleada de protestas por todo el país.

OUR GIRL R OUR PRIDE

2013 Se forma el primer batallón de las **Unidades de Protección Femenina**, constituido por mujeres kurdas que luchan para evitar que el Estado Islámico se haga con el poder en Siria; en su defensa armada del país, batallan también por un futuro más igualitario.

2016 La activista indígena **Lakota Cheryl Angel** funda un campamento de resistencia en Cannon Ball (Dakota del Norte) con el fin de evitar la construcción de un oleoducto cuya ruta debe pasar cerca de la reserva de Standing Rock.

2018 El colectivo Gitanas Feministas por la Diversidad presenta el I Congreso de Feminismo Romaní en Madrid, un ciclo destinado a poner de manifiesto la opresión que sufren las mujeres gitanas en el contexto de una sociedad paternalista, colonial y clasista, que desconoce, prejuzga y desprecia a las gitanas.

2016 Se presenta en Barcelona la asociación **Las Kellys**, un colectivo de camareras de piso, cuya labor (externalizada, físicamente dura y muy mal pagada) representa la peor cara de la precariedad laboral que, desde el inicio de la crisis económica en 2008, se ceba en los trabajos feminizados.

2018 **Marielle Francisco da Silva** (Marielle Franco), política y activista en favor de los derechos humanos de Brasil, es asesinada tras denunciar los abusos policiales contra la población de las favelas.

2018 De las manifestaciones en defensa de una educación no sexista en Chile se derivan revueltas feministas que denuncian el gran número de agresiones sexuales dentro de centros educativos y la violencia generalizada contra las mujeres.

2017 La activista palestina **Ahed Tamimi**, de dieciséis años de edad es arrestada y encarcelada por la policía en Cisjordania.

2018

De 2010 hasta ahora

Las mujeres de la plaza Tahrir: los límites de la Primavera Árabe

La Primavera Árabe, emblema para el movimiento 15-M o el Occupy Wall Street, tuvo sus precedentes en las huelgas en el sector textil de la ciudad egipcia de El-Mahalla El-Kubra y en las revueltas de Túnez, pero encontrará su caldo de cultivo en las redes sociales. El 18 de enero de 2011, la egipcia Asmaa Mahfouz colgó un vídeo en el que hablaba de cuatro activistas que se habían inmolado acusando al Gobierno de Hosni Mubarak, condenando sus leyes marciales y su corrupción, así como poniendo en evidencia la falta de oportunidades para la juventud, y logró movilizar a miles de egipcios y egipcias que se concentraron en la plaza Tahrir. Mahfouz animaba a las mujeres a participar en la lucha y a los hombres a respetarlas, con la intención de crear un ambiente en el que la presencia de estas fuera masiva y segura, algo que se vio reforzado dentro de la plaza gracias a la labor de grupos como Operation Anti-Sexual Harassment (OpAntiSH). A pesar de esas medidas, las víctimas de acoso sexual en Egipto durante las protestas sobrepasaron las ochenta, multiplicándose con la caída de Mubarak para disciplinar a las mujeres que habían tomado las calles.

Terrorismo machista

El 23 de mayo de 2014, un joven de familia acomodada de California cuelga un vídeo en YouTube en el que declara su odio hacia las mujeres, a las que considera culpables por haberle rechazado en el plano romántico y en el sexual, y señala que deben ser castigadas. Con frases como «Si no puedo teneros, chicas, os destruiré», envueltas en una retórica misógina, racista e infantiloide, Rodger anunciaba la llegada de la revolución «incel», término que proviene de «célibes involuntarios», en referencia a sus intentos frustrados por mantener relaciones sexuales con mujeres. Tras colgar el vídeo, Rodger asesinó a siete personas en Isla Vista, una zona próxima al campus de la Universidad de California,

en Santa Bárbara, e hirió a otras trece. Después, se suicidó. Por ridículo que parezca, el fenómeno «incel» tiene numerosos seguidores, todos ellos convencidos de que las mujeres deben cubrir sus necesidades sexuales y de que ellas tienen algún tipo de obligación con ellos. Los seguidores de esta violenta misoginia que exige sexo pueblan foros en webs como 4chan, Voat o Reddit —además de su portal oficial: incels.me— y emplean el anonimato virtual para expresar su ira contra las mujeres, una ira que, cuatro años después del crimen de Rodger, volvió a materializarse en el atropello masivo perpetrado en Quebec por Alek Minassian, otro joven autodenominado «incel», en el cual fallecieron diez personas.

El #GamerGate y la violencia cotidiana contra las mujeres en internet

Las redes sociales han sido una de las principales herramientas de la actual eclosión feminista para debatir y generar lazos, pero también han servido para tratar de amedrentar a muchas mujeres por medio de prácticas como las amenazas, la filtración de información privada y el insulto misógino. Uno de los casos más señalados fue el de la programadora Zoë Quinn, quien, acusada falsamente por un exnovio despechado de acostarse con críticos para obtener un trato de favor, recibió graves amenazas coordinadas desde distintos foros, como 4chan, lo que la llevó a cerrar sus cuentas. En un efecto contagio, el caso de Quinn reavivó los ataques sufridos por la crítica cultural Anita Sarkeesian, quien, desde su famoso vlog Feminist Frequency, se ocupaba de las representaciones machistas en los videojuegos; debido a aquellos tuvo que cancelar varias conferencias amenazada de muerte. El acoso cibernético no se limita solo al campo de los videojuegos, tal como demuestra la violencia padecida por Caroline Criado-Perez, quien, en 2013, inició una campaña para conseguir una mayor representación de las mujeres en los billetes ingleses.

Pese a conseguir que Jane Austen apareciera en los de diez libras, sufrió toda una serie de intimidaciones que se han convertido en el día a día de muchas activistas, periodistas y escritoras. Estos ataques coordinados, persistentes y conscientes nos hablan de cómo la reacción al auge del feminismo pasa por la amenaza hacia las mujeres que destacan, lo que nos devuelve a un milenario silencio machista.

Ahed Tamimi: por una Palestina libre

En Cisjordania, territorio ocupado por Israel, la resistencia palestina tiene rostros y voces de todas las edades. En muchas familias, la lucha por la libertad es el pan de cada día y los Tamimi son conocidos por su compromiso con la causa. En su aldea, Nabi Salih, se producen protestas semanales contra los asentamientos judíos ilegales del Gobierno israelí; en 2017, aquellas se incrementaron debido al anuncio del presidente Donald Trump de reconocer a Jerusalén como capital de Israel, un insulto a la población palestina invadida. El 15 de diciembre, la joven Tamimi gritó y golpeó a un soldado israelí apostado en el patio de su casa, un hecho que fue grabado y colgado en las redes. Tres días más tarde, Tamimi fue arrestada y condenada a dos años de prisión, mientras las manifestaciones contra el apoyo de Estados Unidos a Israel continuaban en los territorios ocupados e Israel respondía con una represión que dejó al menos cincuenta y seis palestinos heridos. El traslado de la embajada estadounidense (situada hasta ahora en Tel Aviv) se adelantó al 14 de mayo de 2018 para hacerlo coincidir con el LXX aniversario de la creación del Estado de Israel, fecha conocida como Nakba (o Catástrofe) por los palestinos, que fueron obligados a abandonar sus hogares ante la llegada judía. Como genuina imagen del conflicto, el día previo al traslado de la embajada la cantante israelí Netta gana el festival de Eurovisión con una canción contra el abuso, el *bullying* y los estereotipos machistas, mientras el país al que representa bombardea Palestina y deja al menos cincuenta y ocho muertos y más de dos mil heridos.

Marielle Franco, la esperanza brasileña asesinada

El asesinato de Marielle Franco, activista y política brasileña, cuya labor estuvo centrada en los derechos de las mujeres que habitan las favelas, escenario de parte de su vida y de la violencia policial que tantas veces denunció, se ha convertido en un símbolo de los males que asolan al país. Marielle Franco, la única concejala negra de Río de Janeiro y una de las representantes municipales más votadas, se había convertido en la voz de los sectores más desfavorecidos de la sociedad brasileña —mujeres negras, homosexuales, vecinos de las favelas— al denunciar la progresiva militarización del espacio público promocionada por el presidente Michel Temer y su gabinete (formado casi exclusivamente por hombres blancos). Además de su denuncia de la brutalidad policial, no podemos olvidar que Franco, una madre soltera que se calificaba a sí misma como «mujer feminista, negra e hija de la favela», fue abierta con su bisexualidad y la relación que, desde hacía años, mantenía con su pareja: Mônica Tereza Benício. Todo ello en un país donde, en 2017, al menos cuatrocientas cuarenta y cinco personas fueron asesinadas en crímenes homofóbicos o transfóbicos, lo que lo ha convertido en el más peligroso del mundo para vivir la diversidad sexual, debido, entre otras razones, al auge del evangelismo y de la extrema derecha, cuyos discursos de odio han alentado ataques a filósofas como Judith Butler en giras de conferencias por el país.

A pesar de que la muerte de Marielle Franco fue recibida como un drama nacional, la deriva reaccionaria de Brasil ha seguido su curso hasta convertir en presidenciable a un machista homófobo y racista como Jair Bolsorano. La movilización feminista no tardó en organizarse, y en agosto de 2018 se creaba el grupo Mulhres Unidas contra Bolsorano, que convocó movilizaciones multitudinarias en septiembre de 2018 bajo el lema «Ele não» («Él no»).

La marea feminista española

Los telediarios abrían con las manifestaciones feministas, las calles de las principales ciudades se habían colapsado y, desde la prensa, los bailes de cifras rondaban el millón de personas en Madrid y en Barcelona. Pese al entusiasmo, no todo era una fiesta: había también rabia colectiva y un increíble trabajo subterráneo de organización. El feminismo mostraba su músculo en España, algo que no había ocurrido desde que, tras el final de la dictadura franquista, se ganara el respaldo social. Entre esos dos extremos, el feminismo había vivido muchas horas bajas.

¿Cuáles son los hitos de esta nueva marea feminista estatal?

1 de febrero de 2014: movilización en contra de la reforma de la Ley del Aborto impulsada por el ministro de Justicia Alberto Ruiz-Gallardón (Partido Popular). Su anteproyecto pretendía acabar con la ley de plazos para sustituirla por otra de supuestos. En el anteproyecto de Gallardón, el aborto solo estaba permitido en casos de «menoscabo importante y duradero» para la salud física y psíquica de la mujer, de peligro para su vida o de embarazo fruto de una violación. A su vez, dificultaba el aborto debido a malformaciones, añadía la necesidad del consentimiento paterno para que las menores de dieciocho años accedieran a él y la penalización de los médicos y médicas que no se ajustasen a dicha legislación. La respuesta a esta ley tuvo su símbolo en el Tren de la Libertad organizado por la asturiana Tertulia Feminista Les Comadres.

7 de noviembre de 2015: se producen masivas manifestaciones en contra de la violencia machista que, convocadas primero por la Coordinadora Feminista de Valencia, se expandieron por todo el Estado. El Día Internacional de la Eliminación de la Violencia contra la Mujer de 2015 se leyó un manifiesto que afirmaba: «Desde el año 1995, mil trescientas setenta y ocho mujeres han sido asesinadas por el terrorismo machista». El texto exigía, entre otros asuntos, que la lucha contra el terrorismo machista fuera una cuestión de Estado.

18 de noviembre de 2017: miles de personas se manifiestan en distintas ciudades de España para rechazar la decisión de la Audiencia de Navarra de aceptar un informe que detallaba la vida posterior de la superviviente de la violación grupal de La Manada (Sanfermines de 2016). El hashtag #YoSíTeCreo se hizo viral y miles de mujeres salieron a las calles para mostrar su apoyo a la víctima. El 26 de abril de 2018, las manifestaciones y las muestras de rabia se volvieron a producir a causa de la sentencia, que no calificó los actos como violación, sino como abuso. Las manifestaciones se volvieron a suceder el 23 de junio de 2018, tras la puesta en libertad de los culpables.

8 de marzo de 2018: junto con las manifestaciones de los últimos años, España se sumó, en 2018, a la lista de países que forman parte del Paro Internacional de Mujeres. En España, la huelga de veinticuatro horas tuvo cobertura legal gracias al apoyo de CNT, CGT, CIG, CoBas y otros sindicatos no mayoritarios, mientras que UGT y CC. OO. convocaron paros parciales. La jornada reivindicó el fin de la precariedad laboral femenina y de la brecha salarial. Con un enorme seguimiento, llegó precedida de encuestas que declaraban que el 82 por ciento de la población española apoyaba sus reivindicaciones. Colectivos feministas nacionales como Afroféminas, sin embargo, pusieron sobre la mesa la falta de diversidad de la cita, a la que decidieron no acudir.

El feminismo español ha demostrado fuerza y firmeza, pero ha de afrontar muchos retos, como conseguir que las movilizaciones populares logren una igualdad que, en muchos casos, se reduce a formalidades legales, y provocar la misma reacción ante las injusticias que sufren los diferentes colectivos de mujeres. Solo enfrentándose a esos nuevos retos las mareas se transformarán en olas.

Alicia Garza, Patrisse Cullors y Opal Tometi: Black Lives Matter

Avanza el año 2013 y cabe augurar —frente a lo pronosticado por obras de ciencia ficción utópica y por los optimistas hippies de la década de 1960— que el XXI no será el siglo que libere a la humanidad de sus sistemas de opresión, algo de lo que la comunidad afroamericana es más que consciente. La activista Alicia Garza se mantiene expectante ante la pantalla del televisor junto a un grupo de amigos: ante su incredulidad y la de toda la población negra de Estados Unidos, la presentadora del noticiario anuncia la puesta en libertad sin cargos de George Zimmerman, el patrullero urbano que había disparado al joven afroamericano Trayvon Martin, desarmado, cuando este volvía de comprar caramelos y se dirigía a casa de la novia de su padre. Una vez más, se engrosa la ingente lista de víctimas negras e impunes verdugos blancos. Las redes arden tras conocerse la sentencia y Garza publica un post en su muro de Facebook, el sencillo y estremecedor mensaje que acabará por abanderar todo un movimiento internacional: «Black people. I love you. I love us. Our lives matter, black lives matter» («Gente negra. Os quiero. Nos quiero. Nuestras vidas importan. Las vidas negras importan»).

Como ya demostraron la egipcia Asmaa Mahfouz y su llamamiento a manifestarse durante la Primavera Árabe de 2011 y como ratificarán después Tarana Burke y las voces que se sumen a su elocuente #MeToo en 2017, el ciberactivismo se ha convertido en un valioso instrumento para la organización social. Uno de sus frutos de más largo recorrido es hoy, en concreto, Black Lives Matter. El texto de Garza, convertido por Patrisse Cullors —compañera de Garza, igualmente afroamericana, lesbiana y autodefinida *queer*— en el hashtag #BlackLivesMatter, alcanzó una amplísima difusión y sirvió para sensibilizar sobre la violencia racial estadounidense a escala global.

En 2015, emulando a los Freedom Riders de la década de 1960 —activistas en favor de los derechos civiles que recorrieron el sur de Estados Unidos en autobús para reivindicar el cumplimiento de la sentencia del Tribunal Supremo que declaró anticonstitucionales los autobuses públicos segregados—, Garza y Cullors viajaron en autobús para fundar facciones del movimiento en cada estado. Con la ayuda de activistas como Darnell L. Moore y la también afroamericana Opal Tometi, Garza y Cullors difundirán el espíritu del Black Lives Matter por todo el territorio estadounidense y no se limitarán a la denuncia del racismo, sino que además abrazarán la interseccionalidad y se convertirán en un movimiento inclusivo que aunará a las mujeres, al colectivo LGTBQ y a las personas migrantes, así como a aquellas con diversidad funcional, con antecedentes penales y con físicos no normativos, sin olvidar todo el amplio espectro de opresiones que pueden entrecruzarse con el racismo.

El movimiento Black Lives Matter continúa su labor en la actualidad: además de colaborar con la National Association for the Advancement of Colored People (NAACP), organizó las protestas que se produjeron tras los asesinatos de Michael Brown (2014, desarmado, abatido a tiros por un policía), Eric Garner (2014, desarmado, estrangulado por un policía), Tamir Rice (2014, doce años, jugaba con una pistola de juguete y fue abatido a tiros por un policía), Walter Scott (2015, desarmado, perseguido, fue disparado por la espalda por un policía), Jonathan Ferrell (2015, desarmado, fue disparado doce veces por el agente Randall Kerrick, absuelto y readmitido en el cuerpo de policía), Sandra Bland (2015, activista, arrestada por enfrentarse al policía que la retuvo por una infracción de tráfico, fue encontrada muerta en su celda tres días más tarde en un polémico caso clasificado como de «suicidio») y muchos otros casos.

#BLACKLIVESMATTER

#MeToo
La denuncia global del acoso sexual hacia las mujeres

Un día cualquiera de 2012, la joven estudiante de artes visuales Emma Sulkowicz aparece en su universidad, la de Columbia, con un colchón a cuestas. Parece estar en mitad de una mudanza, pero se trata de una acción de denuncia: tras ser violada en su habitación por otro alumno, Paul Nungesser, y tras ser ignoradas sus acusaciones por el equipo docente, Sulkowicz afirma que llevará siempre encima el colchón sobre el que fue agredida hasta que se decida expulsar de la universidad al culpable. Se trata solo de un caso entre toda una plaga de violencia sexual: al año siguiente, dos jóvenes estudiantes de la Universidad Chapel Hill, de Carolina del Norte, Annie E. Clark y Andrea Pino, suman fuerzas y ratos libres para configurar End Rape on Campus, una plataforma destinada al apoyo a las supervivientes de abuso sexual de los campus estadounidenses. Tras décadas de pasividad institucional y ante la negativa por parte del profesorado a escuchar y a dar veracidad a los testimonios de las agredidas, Clark y Pino presentaron una denuncia conjunta contra las universidades de Estados Unidos, lo que generó redes de apoyo y una masa crítica dispuesta a apoyar a las supervivientes. En 2015, ambas protagonizaron el documental *The Hunting Ground*, en el que se narra la escandalosa impunidad de la que gozan los deportistas que cometen agresiones sexuales en las universidades, a quienes estas protegen para conseguir las victorias de las que dependen los presupuestos que deberán ser asignados a cada centro.

Dos años más tarde, y de nuevo tras décadas de contención, se libera una riada que arrasa con uno de los espacios sometidos a mayor atención mediática internacional: Hollywood. En octubre de 2017, la

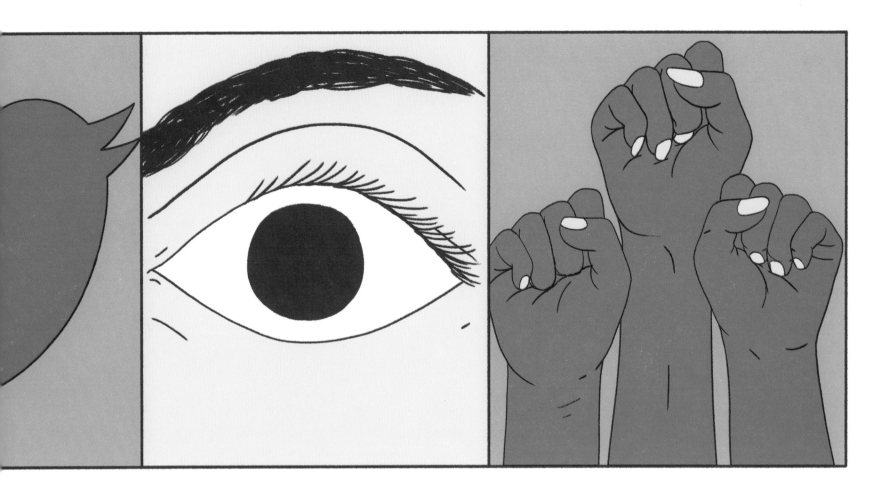

meca del cine amanece en estado de shock: *The New York Times* y *The New Yorker* informan sobre un numeroso grupo de actrices que acusan al productor de cine Harvey Weinstein de acoso, agresión sexual y violación. Más de ochenta mujeres se suman después a los testimonios de las primeras, lo que demuestra que el de Weinstein era un secreto a voces.

Impulsadas por el escándalo de Weinstein y recuperando un lema inicialmente creado por la activista Tarana Burke, miles de mujeres se lanzan a los teclados para denunciar sus casos amparadas por la contundente frase de Burke: «ME TOO». En medio de este fragor, otra bomba abre los telediarios de todo el mundo: tras días de desgarradores testimonios de más de ciento cincuenta mujeres en el tribunal de Lansing, Larry Nassar, médico del equipo nacional de gimnasia de Estados Unidos, acusado de haber abu-

sado de más de doscientas cincuenta mujeres, es hallado culpable. Unos meses después, tras las numerosas denuncias de agresiones grupales acontecidas en España, un nuevo escándalo es destapado: mujeres migrantes que trabajan como temporeras en los campos andaluces revelan la terrible situación de violencia sexual que sufren durante la recogida de la fresa. Una situación, aquí levemente esbozada, que empapa de violencia misógina cada rincón del planeta y contra la que se levantan miles de mujeres, hoy más que nunca, conscientes de que juntas podemos construir un mundo en el que nuestras vidas no precisen de un proceso legal, un periódico o un hashtag que las ponga en valor.

Un mundo en el que ya no necesitemos confesar traumas individuales para entender opresiones comunes.

Un mundo, por fin, sin #MeToo.

Sobre las autoras

María Bastarós (Zaragoza, 1987) es licenciada en Historia del Arte y ha cursado un máster en Gestión Cultural. Creadora de la plataforma cultural feminista QuiénCoñoEs, ha colaborado con medios como *Diagonal* y entidades como el Centro Atlántico de Arte Moderno o el Museo Valenciano de la Ilustración y la Modernidad. Ha comisariado exposiciones como *Muerte a los grandes relatos* y *Apropiacionismo, disidencia y sabotaje*, y es coautora, junto a Nacho M. Segarra, de «Amor diverso», primer itinerario museístico LGTB a escala nacional (Museo Thyssen Bornemisza). Su primera novela de ficción, *Historia de España contada a las niñas* (Fulgencio Pimentel, 2018) resultó ganadora del Puchi Award.

Nacho M. Segarra (@palomitasojos) es historiador y especialista de género, máster en Estudios Feministas por la Universidad Complutense, de cuyo Instituto de Investigaciones Feministas ha sido miembro y en el que actualmente realiza su tesis sobre postfeminismo y crisis económica. Ha impartido clases de comunicación y género en la Facultad de Periodismo, y es autor del blog *Palomitas en los Ojos* y del ensayo histórico *Ladronas victorianas. Cleptomanía y género en el origen de los grandes almacenes* (Antipersona, 2017). Colabora como crítico cinematográfico y cultural en diferentes medios como *eldiario.es*, *El Salto*, *La Vanguardia* y *Yodona*. Ha programado ciclos de cine en el CCCB —Gandules 2015— y ha sido además encargado de contenidos de la app turística con perspectiva de género Madrid, Ciudad de las Mujeres.

Cristina Daura (Barcelona, 1988) es ilustradora y dibujante de cómics formada en la Escola Massana de Barcelona. Estudió también en el Maryland Institute College of Art de Baltimore gracias a una beca. Actualmente trabaja a tiempo completo en su estudio de Barcelona para publicaciones como *The New York Times*, *The New Yorker*, *The Wire*, *Businessweek*, *Süddeutsche Zeitung*, *Die Zeit*, *La Repubblica*, *El País* y *Nobrow*, y para editoriales como el grupo Penguin Random House y Blackie Books, entre otras.